TASTY™

le meilleur à partager

TASTY™

le meilleur à partager

les recettes faciles
et délicieuses
auxquelles vous aurez
du mal à résister

MARABOUT

Publié pour la première fois aux États-Unis en 2017 sous le titre *Tasty latest and greatest* par Clarkson Potter Publishers

Photographies : © Lauren Volo
© Pierre Javelle - pages : 17, 29, 30, 59, 81, 87

Traduction : Karine Descamps et Cécile Giroldi

Édition française : Natacha Kotchetkova
Relecture : Véronique Dussidour
Mise en page : Transparence

© Hachette Livre (Marabout)
58, rue Jean Bleuzen, 92178 Vanves Cedex

Dépôt légal : Avril 2018

ISBN : 978-2-501-12528-4 — 7044537/01

Achevé d'imprimer en Espagne par Grafica Cayfosa en mars 2018

PAPIER À BASE DE FIBRES CERTIFIÉES

MARABOUT s'engage pour l'environnement en réduisant l'empreinte carbone de ses livres. Celle de cet exemplaire est de : 1500g éq. CO_2 Rendez-vous sur www.marabout-durable.fr

SOMMAIRE

Vous avez une question
au sujet d'une recette ?
Téléchargez l'application
Tasty depuis l'iTunes store.

À vous de jouer !

Bienvenue dans l'univers de Tasty. Comme vous, ce qui nous fait vibrer dans la vie, c'est la cuisine : le plaisir d'avoir réalisé quelque chose que vous n'aviez encore jamais tenté, voire la surprise d'avoir déniché la solution miracle qui changera à jamais votre façon de cuisiner. Que vous vouliez faire briller votre pâte à pizza comme un bretzel ou concocter un bowl équilibré (qui ne le fait pas de nos jours ?), vous êtes au bon endroit. L'univers Tasty se veut une cuisine décomplexée qui ne doit pas accaparer tout votre week-end ni contenir des ingrédients à la pelle pour lesquels il faudra courir partout et pendant des heures pour les trouver. Pour nous, cuisine rime avec délice... mais surtout avec plaisir, et toutes nos recettes sont conçues dans ce sens. Car si vous n'aimez pas être dans votre cuisine, à quoi bon ? Nous avons répondu à l'appel de tous les amateurs de cuisine du monde entier avec des recettes simples et irrésistibles que vous aurez envie de préparer tous les jours.

APPRENDRE

Notre travail consiste à vous expliquer ce dont vous avez besoin et à faire en sorte que cela fonctionne chez vous, comme le ferait un coach culinaire personnel. Rien ne nous motive plus que les réactions en chaîne que nos vidéos de recettes en ligne suscitent. Cela nous permet de savoir instantanément ce que les gens pensent. Les barquettes de hot dog au fromage et au chili sont-elles aussi délicieuses qu'elles en avaient l'air ? Oui. Prenons-nous en compte vos goûts et vos envies ? Oui, oui et oui.

Avec Tasty, il n'est jamais trop tard pour apprendre de nouvelles astuces, que l'on soit un cuisinier aguerri ou une étoile montante. C'est parfois un petit détail qui fait toute la différence entre ce qui est bon et ce qui est délicieux ou une recette qui vous bluffe de A à Z : trouver un autre usage à une plaque de four, un saladier en verre ou une pique à brochette – rendre extraordinaires les choses ordinaires avec un rien d'imagination. L'idée de cuisiner en apprenant, c'est ce qui nous motive chaque jour.

Notre travail est de vous offrir le meilleur de tout ce que l'on trouve de bon sur cette Terre et nous le prenons très au sérieux. Nos recettes font aussi preuve de souplesse. Une petite entorse à un ingrédient ou une minute de plus ou de moins sur le feu ne mettent pas votre plat en péril – vous verrez au contraire que la cuisine est votre alliée.

PARTAGER

On dit que la cuisine rassemble, alors partagez vos recettes avec vos proches. Au lieu d'envoyer la photo de votre chaton, pourquoi ne pas envoyer celle de vos roulés de lasagne ? C'est une manière de fanfaronner gentiment et de recevoir des encouragements en cliquant simplement sur un bouton. Votre image peut se transmettre d'amis en amis, qui, eux-mêmes, feront de même, et ces magnifiques quesadillas que vous avez préparées pourront finalement faire le buzz deux fois – d'abord en ligne puis chez vous.

La cuisine est aussi un extraordinaire moyen de tisser des liens. Envoyez un texto avec une liste d'ingrédients, demandez à tout le monde d'apporter un petit quelque chose et réalisez un fabuleux plat ensemble. Vous créez ainsi des moments que vous pouvez diffuser instantanément, mais aussi des souvenirs qui dureront dans le temps. Vous vous souviendrez de cet incroyable gâteau glacé à faire pâlir vos beaux-parents, réalisé à partir d'un modeste sachet de mélange pour brownie. Faites-nous confiance : vous pouvez le faire.

SE FAIRE PLAISIR

Avec Tasty, ce n'est pas tant la recette qui compte, c'est vous. Il s'agit de prendre plaisir à passer du temps en cuisine. Avec ces recettes courtes et gagnantes, vous pouvez aller au supermarché acheter ce dont vous avez besoin et, dans la plupart des cas, manger dans l'heure. Nous ne délaissons pas pour autant les choses un peu plus spéciales. Des desserts magiques qui se révèlent couche après couche ? Des truffes en veux-tu en voilà ? Qu'il s'agisse d'une recette tendance, comme les biscuits spinner, qui fonctionnent réellement (si, c'est vrai !) ou d'un classique comme le steak sauce poivre, c'est vous qui décidez. Vous choisissez les recettes auxquelles vous accorderez du temps et des plats qui vous représenteront, vous et votre cuisine. Des centaines de millions de vous ne peuvent se tromper. Et chez Tasty, on respecte vos choix : les recettes les plus populaires, consacrées par des fans comme vous, grimpent au sommet de la pile, propulsées par les likes, des commentaires, des partages et des emoji.

Une recette peut même révéler qui vous êtes vraiment : un jet-setter international en puissance ? Un trio de dumplings sera votre style. Un as des jeux vidéo ? Des ailes de poulet croustillantes et du pain aillé au fromage seront vos meilleurs alliés ! Un dîner festif en préparation ? Un poulet cordon-bleu, sans hésiter. C'est ce frisson d'excitation presque incontrôlable qui accompagne l'envie de tout donner en cuisine, le besoin de partager votre formule magique pour les œufs farcis ou un sandwich à la viande grillée dont la sauce ne dégouline pas sur les doigts. C'est le plaisir de débarquer à une soirée avec une recette imbattable. C'est vous le champion !

Il y a aussi ces week-ends pluvieux où même les boulimiques de télé finissent par vouloir sortir de leur léthargie. Et si on cuisinait ? Même si, d'emblée, personne ne se précipite pour mettre la main à la pâte, au bruit d'un steak saisi dans la poêle, à l'odeur de l'ail qui remplit la pièce ou à la vue d'une belle assiette de pâtes, tout le monde fait la queue pour aider – en tendant son assiette pour goûter. L'idée n'est pas seulement d'occuper de l'espace sur votre téléphone, votre écran ou votre étagère – nous voulons nous asseoir à votre table. Ce livre propose donc des recettes top niveau pour que vous teniez vos promesses d'un plat sensationnel quand vous avez envie de vous surpasser.

À propos de ce livre

Bien que Tasty rassemble chaque jour des gens du monde entier sur leur petit écran, c'est un vrai plus d'avoir ce recueil de pépites culinaires à portée de main chez vous. Combien de fois avez-vous pu passer de « Si seulement je pouvais faire ça chez moi » à « Je vais faire ça ce soir et ça va être délicieux » ? C'est ça, Tasty.

Ce livre représente ce sur quoi nous avons travaillé récemment et ce que vous avez aimé. Tout commence par un chapitre de recettes pour une soirée entre amis, comme les bâtonnets de mac'n' cheese frits, les minicalzones frites, desquelles vous aurez du mal à vous éloigner, et les pommes de terre farcies au barbecue dignes d'un concours de sculpture. Puis la cuisine du week-end avec des travers de porc sauce miel et ail, et des tacos à la mode mexicaine qui vous donneraient presque l'envie de devenir vendeur ambulant. Un chapitre entier consacré aux desserts rivalisant d'ingéniosité, comme réaliser des tartelettes de tortillas ou utiliser de la pâte à tartiner pour faire un soufflé au chocolat. Les plats classiques occupent le devant de la scène dans un chapitre qui présente entre autres des gnocchis faits maison (si, vous pouvez le faire !) ; des lasagnes au poulet et au parmesan ou des minifeuilletés pour lesquels une pâte feuilletée sera tout ce que l'on exige de vous. Nous avons pensé aux végétariens avec des plats nourrissants à tomber par terre, comme les boulettes à la courgette, un mac'n' cheese vegan et du chou-fleur à la sauce buffalo qui n'a rien à envier aux célèbres buffalo wings. Le chapitre *Nos meilleures recettes* propose le meilleur, cela va de soi – et qui pourrait dire le contraire avec le brownie moelleux, les cookies aux pépites de chocolat ultra-moelleux et la glace aux 3 ingrédients (promis, seulement 3 !). Nous avons aussi pensé à ceux qui aiment voyager, avec un chapitre sur des plats du monde qui remplissent votre maison de parfums lointains ; essayez des dumplings maison (surtout si vous faites la pâte vous-même !), du poulet tikka masala (le secret, c'est la crème !) ou encore l'ananas fourré au poulet. Les tendances ont du bon, mais elles doivent tenir leurs promesses : un cheesecake avec une pâte craquante aux céréales qui se déguste toute l'année et des beignets d'emoji complètement irrésistibles. Pour terminer, vous fondrez pour nos bombes et couronnes, pour compléter ce livre regorgeant de recettes dont vous ne vous lasserez pas. C'est tout cela l'esprit de Tasty. Alors, préparez-vous à vous amuser.

ENTRE AMIS

Œufs mimosa 4 façons

POUR 24 ŒUFS FARCIS

Préparez une douzaine d'œufs durs à l'avance. Ils se conservent une semaine au réfrigérateur. Garnissez-les avec les ingrédients de votre choix. Ces recettes faciles et originales prouvent que les petits détails font toute la différence.

MIMOSA CLASSIQUES

12 **œufs**

150 g de **mayonnaise**

1 c. à s. de **moutarde**

1 c. à s. de **relish** (ou achards de légumes)

1 c. à c. de **sel**

1 c. à c. de **poivre noir**

POUR DÉCORER

Paprika

Persil frais

1 Placez les œufs dans une casserole et couvrez-les d'eau froide. Portez à ébullition, retirez du feu et laissez reposer 12 minutes.

2 Faites tremper les œufs 3 minutes dans de l'eau glacée, puis écalez-les et coupez-les en deux dans le sens de la longueur.

3 Retirez les jaunes d'œufs, écrasez-les et ajoutez le reste des ingrédients. Garnissez une poche à douille de ce mélange (ou utilisez un sac en plastique fermé par un zip dont vous couperez un coin).

4 Farcissez les blancs de cette préparation, décorez le dessus de paprika et de persil. Servez frais.

< CHEDDAR ET BACON

MIMOSA GUACAMOLE

12 **œufs**

2 petits **avocats** coupés en dés

4 c. à s. de **coriandre** ciselée

1 **piment jalapeño** épépiné et coupé en dés

1/2 **oignon rouge** finement haché

1 **tomate** finement hachée

2 gousses d'**ail** pressées

1 c. à c. de **cumin**

1 c. à s. de **jus de citron vert** frais

1 c. à c. de **sel**

POUR DÉCORER

Coriandre fraîche

Tortilla chips émiettées

1 Placez les œufs dans une casserole et couvrez-les d'eau froide. Portez à ébullition, retirez du feu et laissez reposer 12 minutes.

2 Faites tremper les œufs 3 minutes dans de l'eau glacée, puis écalez-les et coupez-les en deux dans le sens de la longueur.

3 Retirez les jaunes d'œufs, écrasez-les et ajoutez le reste des ingrédients. Garnissez une poche à douille de ce mélange (ou utilisez un sac en plastique fermé par un zip dont vous couperez un coin).

4 Farcissez les blancs de cette préparation, décorez de coriandre et de miettes de chips. Servez frais.

MIMOSA CHEDDAR ET BACON

12 **œufs**

120 ml de **crème fraîche**

3 tranches de **bacon** cuites et hachées

4 c. à s. de **ciboulette** ciselée

60 g de **cheddar** détaillé en fines lamelles

Sel et **poivre**

POUR DÉCORER

Bacon cuit et haché

Ciboulette ciselée

1 Placez les œufs dans une casserole et couvrez-les d'eau froide. Portez à ébullition, retirez du feu et laissez reposer 12 minutes.

2 Faites tremper les œufs 3 minutes dans de l'eau glacée, puis écalez-les et coupez-les en deux dans le sens de la longueur.

3 Retirez les jaunes d'œufs, écrasez-les et ajoutez le reste des ingrédients. Garnissez une poche à douille de ce mélange (ou utilisez un sac en plastique fermé par un zip dont vous couperez un coin).

4 Farcissez les blancs de cette préparation, décorez de bacon et de ciboulette. Servez frais.

MIMOSA CAJUN

12 **œufs**

150 g de **mayonnaise**

1 c. à s. de **moutarde de Dijon**

1 c. à s. d'**épices cajun**

1/2 branche de **céleri** finement hachée

1/2 **poivron** finement haché

1 c. à c. de **sauce piquante**

POUR DÉCORER

Paprika fumé

Ciboules émincées

1 Placez les œufs dans une casserole et couvrez-les d'eau froide. Portez à ébullition, retirez du feu et laissez reposer 12 minutes.

2 Faites tremper les œufs 3 minutes dans de l'eau glacée, puis écalez-les et coupez-les en deux dans le sens de la longueur.

3 Retirez les jaunes d'œufs, écrasez-les et ajoutez le reste des ingrédients. Garnissez une poche à douille de ce mélange (ou utilisez un sac en plastique fermé par un zip dont vous couperez un coin).

4 Farcissez les blancs de cette préparation, décorez de paprika fumé et de ciboules émincées. Servez frais.

< CLASSIQUE

< CAJUN

< GUACAMOLE

Minicalzones frites

POUR 14 MINICALZONES

PÂTE À PIZZA

320 ml d'**eau chaude**

1 ½ c. à c. de **levure de boulanger sèche**

375 g de **farine**

25 g de **parmesan** râpé

1 c. à c. de **levure chimique**

1 c. à c. de **sel**

2 c. à c. de **sucre**

2 c. à s. d'**huile d'olive**

GARNITURE

500 g de **sauce tomate**

300 g de **fromage** râpé

40 g de **basilic** haché

Sel

Huile pour friture

5 g de **persil** haché

Ces minicalzones frites sont parfaites à partager entre amis pendant l'apéro !

1 Versez la levure sèche dans l'eau chaude ; laissez agir pendant 5 minutes. Dans un saladier, mélangez la farine, le parmesan, la levure chimique, le sel et le sucre. Ajoutez l'huile d'olive. Versez l'eau avec la levure et mélangez jusqu'à ce que la pâte forme une boule.

2 Pétrissez la pâte sur un plan de travail fariné pendant 10 minutes jusqu'à ce qu'elle soit ferme. Redonnez-lui une forme de boule. Placez la pâte dans un saladier huilé, couvrez et laissez lever 1 heure dans un endroit chaud : la pâte doit doubler de volume.

3 Farinez le plan de travail. Coupez la pâte en 14 morceaux de 5 cm et formez des boules. Étalez chaque boule de pâte en disque de 1,5 cm d'épaisseur et 12 cm de diamètre, en vous assurant que le milieu du disque ne soit pas trop fin.

4 Posez 1 cuillerée à soupe de sauce tomate au centre d'un disque de pâte. Ajoutez 2 cuillerées à soupe de fromage râpé, puis 1 cuillerée à soupe de basilic. Salez. Repliez la pâte par-dessus la garniture et refermez bien. Pincez les bords de la pâte ensemble et repliez. Répétez l'opération avec le reste de pâte.

5 Mettez 5 cm d'huile à chauffer jusqu'à ce qu'elle atteigne 185 °C. Mettez les calzones à frire deux par deux, pendant 3 minutes de chaque côté. Retirez-les de l'huile et égouttez-les sur une assiette recouverte de papier absorbant.

6 Placez un bol rempli du restant de sauce tomate sur l'assiette. Saupoudrez de persil. Servez immédiatement.

1

2

3

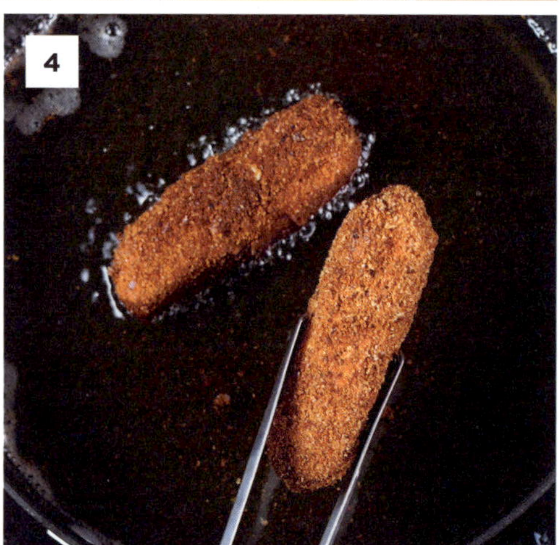
4

Sticks de poulet à la mozza

POUR 16 BÂTONNETS

250 g de **cream cheese**

150 g de **poulet cuit**, détaillé en fines lanières

130 g de **sauce piquante buffalo** (ou autre sauce piquante)

225 g de **mozzarella** déchiquetée

120 g de **cheddar** détaillé en fines lamelles

30 g de mélange d'**herbes sèches** (persil, aneth, ail, oignon, basilic...)

300 g de **farine**

6 **œufs** battus

300 g de **chapelure** assaisonnée

Sel et **poivre**

Huile d'arachide ou **végétale**

Sauce ranch pour servir (ou mayonnaise additionnée d'herbes fraîches hachées)

Cette recette n'est pas compliquée. Un poulet rôti fera très bien l'affaire. Il suffira de le désosser ou de prendre des blancs sans la peau. Pendant que les bâtonnets refroidissent, libre à vous de faire autre chose. Ce plat est vraiment rapide à faire !

1 Chemisez un plat de 20 × 20 cm de papier sulfurisé.

2 Mélangez avec une fourchette le cream cheese, le poulet, la sauce piquante, les fromages, le mélange d'herbes, du sel et du poivre jusqu'à l'obtention d'une préparation lisse. Versez-la dans le plat. Avec une spatule, répartissez-la de façon égale. Mettez au moins 1 heure au congélateur.

3 Rapidement, décollez la préparation du papier sulfurisé et découpez-la en 16 rectangles de 10 × 2,5 cm.

4 Panez les rectangles un par un : farinez-les, trempez-les dans les œufs, plongez-les dans la chapelure, puis encore une fois dans les œufs et dans la chapelure. Déposez-les dans le plat.

5 Faites chauffer l'huile à 190 °C.

6 Déposez délicatement 3 ou 4 bâtonnets dans l'huile et faites-les frire 30 secondes. Répétez l'opération avec le reste des bâtonnets. Servez-les chauds avec de la sauce ranch.

Dog boat chili fromage

POUR 8 PERSONNES

8 **pains à hot dog**

60 g de **beurre** fondu

2 gousses d'**ail** hachées

2 c. à s. de **persil** haché + quelques feuilles pour décorer

8 tranches de **cheddar**

420 g de **chili** en conserve, avec ou sans haricots

8 **saucisses à hot dog** ou **saucisses de Francfort**

Transformer un pain à hot dog en barquette, il fallait y penser ! Et quand tous les ingrédients réconfortants sont réunis, c'est le must. Si vous ne trouvez pas de cheddar en tranches, remplacez-le par 2 cuillerées à soupe de fromage râpé par pain.

1 Préchauffez le four à 180 °C.

2 Disposez 8 pains à hot dog, sans les séparer, dans un plat à four de 23 × 33 cm. Découpez un rectangle dans chaque pain, en laissant un bord de 1 cm tout autour. Poussez les rectangles vers le fond du pain de manière à créer un espace assez large pour contenir la garniture et éviter qu'elle ne déborde.

3 Mélangez le beurre, l'ail et le persil, badigeonnez les pains et les creux de ce mélange. Enfournez 5 minutes pour les faire griller et raffermir les bords pour qu'ils ne s'effondrent pas sous le poids de la garniture.

4 Glissez 1 tranche de cheddar dans chaque pain et nappez le fromage d'un peu de chili. Insérez 1 saucisse et nappez-la aussi d'un peu de chili.

5 Enfournez 20 à 25 minutes jusqu'à ce que le fromage soit doré. Parsemez les pains de persil frais, séparez-les à l'aide d'un couteau et servez.

Sticks mac'n' cheese

POUR 30 BÂTONNETS

240 g de **coquillettes**

60 g de **beurre**

280 g de **farine**

480 ml de **lait**

1 c. à s. de **sel**

½ c. à s. de **poivre noir**

200 g de **cheddar** râpé

Huile végétale ou **d'arachide** pour friture

4 **œufs** battus

200 g de **chapelure**

Le mac'n' cheese est une véritable institution aux États-Unis et cette version sous forme de bâtonnets est on ne peut plus simple à réaliser. Astuce de pro : préparez le mélange à l'avance et enveloppez-le soigneusement ; il se conserve jusqu'à un mois au congélateur. Quand vous en avez besoin, décongelez-le jusqu'à ce que vous puissiez le trancher et terminez la recette. Un régal !

1 Portez de l'eau à ébullition dans une casserole et faites cuire les coquillettes al dente le temps indiqué sur le paquet. Égouttez.

2 Dans une casserole ou une grande sauteuse, faites fondre le beurre à feu moyen-doux. Ajoutez 30 g de farine et fouettez 2 minutes pour obtenir un roux. Versez le lait, le sel et le poivre. Fouettez continuellement jusqu'à ce que la sauce soit bien épaisse. Incorporez progressivement le fromage : il doit fondre et être complètement incorporé. Ajoutez enfin les pâtes et mélangez pour les enrober.

3 Transférez le mac'n' cheese sur une plaque de cuisson recouverte de papier sulfurisé. Étalez de manière uniforme et laissez raffermir 2 heures au congélateur.

4 Faites chauffer l'huile dans une friteuse à 160 °C.

5 Coupez le mac'n' cheese congelé en bâtonnets de 7,5 cm de long. Farinez-les, puis trempez-les dans les œufs et enfin dans la chapelure. Faites-les frire 2 ou 3 minutes, puis égouttez-les sur du papier absorbant. Saupoudrez-les de sel et servez aussitôt.

1

2

3

Pommes de terre volcan au barbecue

POUR 6 PERSONNES

6 grosses **pommes de terre** à chair ferme

360 g de **cheddar** râpé

225 g de **cream cheese** ramolli

1 botte de **ciboules** émincées

12 tranches de **lard**

POUR DÉCORER

Crème fraîche

Ciboules émincées

Pour faire ce plat, il vous suffit d'une pomme de terre et d'une petite cuillère. Garnissez et faites griller... Vos pommes de terre seront parfaites !

1 Préchauffez la grille d'un barbecue à 200 °C.

2 Grattez les pommes de terre, puis piquez-les à plusieurs endroits pour que la vapeur s'échappe pendant la cuisson. Enveloppez chaque pomme de terre de papier d'aluminium et placez-les sur la grille directement au-dessus de la source de chaleur. Laissez cuire 20 minutes.

3 Mélangez la moitié du cheddar avec le cream cheese et les ciboules.

4 Retirez les pommes de terre et laissez-les refroidir pour pouvoir les manipuler. Décollez le papier d'aluminium et coupez les extrémités des pommes de terre pour qu'elles tiennent à la verticale. Avec une cuillère parisienne ou une petite cuillère, évidez-les en laissant un peu de chair sur les bords et au fond. Garnissez de préparation au fromage, puis enroulez 2 tranches de lard autour de chaque pomme de terre. Maintenez en place avec une pique en bois, si nécessaire.

5 Baissez la température du barbecue à 180 °C et placez les pommes de terre sur la grille. Laissez cuire 30 minutes à la chaleur indirecte avec le couvercle.

6 Au bout de 30 minutes, éparpillez le reste de cheddar sur les pommes de terre et faites cuire encore 15 minutes. Garnissez d'une bonne cuillerée de crème fraîche et de ciboules puis servez.

Snack de crevettes cajun

POUR 4 PERSONNES

Cette recette, version simplifiée du classique de la Louisiane, est parfaite pour une soirée en famille ou entre amis. Les épices (vous pouvez en ajouter d'autres !) et la saucisse donnent au bouillon des arômes qui laissent penser qu'il a cuit très longtemps. Attendez que tout le monde soit à table pour les crevettes, elles cuisent en 3 minutes top chrono. Filtrez le bouillon et servez. La nappe en papier journal est facultative.

MÉLANGE D'ÉPICES

2 c. à s. de **graines de coriandre**

2 c. à s. de **graines de moutarde**

1 c. à s. de **piment rouge séché** en flocons

1 c. à s. d'**aneth**

1 c. à s. de **piment de la Jamaïque**

1 c. à s. de **sel**

3 feuilles de **laurier** séchées

RECETTE

8 petites **pommes de terre rouges**

3 **épis de maïs** coupés en trois

4 **saucisses fumées** coupées en rondelles épaisses

900 g de **crevettes** non décortiquées

Le **jus** de 1 **citron**

POUR SERVIR

Persil ciselé

Sauce cocktail

Beurre fondu avec 1 gousse d'**ail** pressée

1 Mélangez tous les ingrédients du mélange d'épices dans un bol. Versez 3 litres d'eau dans une grande casserole, ajoutez les épices puis les pommes de terre. Portez à ébullition et laissez cuire 15 minutes.

2 Ajoutez le maïs et laissez bouillir 10 minutes. Ajoutez les saucisses et prolongez la cuisson de 5 minutes.

3 Vérifiez la cuisson des pommes de terre. À défaut, laissez-les cuire quelques minutes de plus.

4 Ajoutez les crevettes et le jus de citron. Mélangez et laissez cuire 3 minutes, à couvert, jusqu'à ce que les crevettes changent de couleur.

5 Égouttez les ingrédients. Servez la préparation sur une table garnie d'une nappe en papier journal. Parsemez le plat de persil et accompagnez-le de sauce cocktail et de beurre à l'ail.

Brochettes de poulet sauce satay

POUR 4 PERSONNES

MARINADE

200 g de **beurre de cacahuète**

200 ml de **lait de coco**

4 **oignons nouveaux** grossièrement hachés

3 gousses d'**ail** pelées

1 morceau de **gingembre** de 5 cm

2 **piments serrano** frais, grossièrement hachés

1 c. à c. de **curry en poudre**

1 c. à c. de **cumin** moulu

1 c. à c. de **curcuma** moulu

1 c. à c. de **sel**

2 c. à s. de **sauce soja**

Le **jus** de 1 **citron vert**

8 **cuisses de poulet** désossées et sans la peau, coupées en dés

SAUCE

80 g de **cacahuètes** hachées

125 ml de **lait de coco**

Piques à brochette en bambou ou en bois

Si vous rêviez de connaître la recette de ce délicieux plat d'origine indonésienne, c'est votre jour de chance ! Si vous n'avez pas de piment et de gingembre frais, remplacez-les par 1 cuillerée à café de piment séché en flocons et 2 cuillerées à café de gingembre moulu. Deux heures de marinade suffisent, mais le poulet sera encore plus tendre et parfumé après une nuit. Bonus : faites chauffer l'autre moitié avec du lait de coco crémeux pour obtenir une sauce épaisse qui vous permettra de vous resservir.

1. Dans le bol d'un robot, mixez tous les ingrédients de la marinade jusqu'à ce qu'ils aient la consistance d'une pâte. Il vous en faudra 500 ml. Réservez la moitié de la marinade et versez l'autre moitié sur les cuisses de poulet. Mélangez et laissez mariner au moins 2 heures.
2. Préchauffez le four à 220 °C. Tapissez une plaque de cuisson de papier sulfurisé.
3. Enfilez les dés de poulet sur les piques à brochette et disposez-les sur la plaque de cuisson, en laissant dépasser les extrémités des bords pour que le poulet soit suspendu. Enfournez 15 à 20 minutes.
4. Faites griller les cacahuètes à sec 2 ou 3 minutes dans une poêle à feu moyen, sans cesser de remuer. Versez le reste de marinade et le lait de coco. Mélangez et laissez cuire 5 à 10 minutes jusqu'à ce que la sauce soit épaisse et bien parfumée.
5. Servez les brochettes de poulet avec la sauce.

Burrito cup

POUR 12 TARTELETTES

GARNITURE

2 c. à s. d'**huile d'olive**

1 **oignon** coupé en petits dés

100 g de **poulet** coupé en petits dés

Sel et **poivre**

2 gousses d'**ail** pressées

MÉLANGE D'ÉPICES POUR BURRITO

1 c. à c. de **piment en poudre**

½ c. à c. de **paprika**

1 c. à c. de **cumin**

½ c. à c. d'**ail semoule**

½ c. à c. de **poivre de Cayenne**

1 **tomate** coupée en dés

6 **tortillas de blé**

60 g de **haricots rouges** en purée (frijoles refritos)

40 g de **riz** cuit

60 g de **cheddar** râpé

POUR DÉCORER

Crème fraîche

Guacamole

Salsa

Coriandre ciselée

Le secret de ce plat tient à son mélange d'épices. Typiquement mexicain, il se compose de cumin, de poivre de Cayenne et de piment en poudre. Il transforme les ingrédients qu'il assaisonne, en l'occurrence du poulet, du riz, des oignons et des frijoles refritos (purée de haricots rouges). Et vous prendrez autant de plaisir à façonner ces cup qu'à les déguster !

1. Préchauffez le four à 180 °C. Graissez les 12 alvéoles d'un moule à muffins.
2. Faites chauffer un gros poêlon à feu moyen. Faites sauter l'oignon 3 à 5 minutes jusqu'à ce qu'il soit transparent. Ajoutez les dés de poulet. Salez et poivrez, puis faites dorer 5 minutes. Ajoutez l'ail et poursuivez la cuisson 2 minutes. Retirez du feu et versez la préparation dans un bol.
3. Mélangez les épices, ajoutez-les à la préparation au poulet. Ajoutez la tomate et mélangez.
4. Superposez les 6 tortillas. Découpez un carré, puis coupez ce carré en quatre pour obtenir 24 carrés en tout.
5. Placez 1 carré de tortilla dans chaque alvéole, en le tassant bien au fond. Posez un autre carré dessus, en travers cette fois, pour former une étoile. Étalez des haricots frits sur la base de chaque étoile, puis ajoutez le riz cuit et la préparation au poulet. Parsemez de cheddar. Enfournez 15 minutes : les tortillas doivent être dorées et croustillantes, et le cheddar fondu.
6. Servez avec de la crème fraîche, du guacamole, de la salsa et de la coriandre.

Bombes de raclette

POUR 24 BOMBES

600 g de **pommes de terre** cuites et épluchées

20 g de **beurre**

Sel et **poivre**

2 c. à s. de **ciboulette** ciselée

1 **jaune d'œuf**

4 tranches de **jambon fumé**

4 tranches de **fromage à raclette**

Farine

2 **œufs** battus

Chapelure

Huile végétale pour friture

Vous voulez impressionner tout le monde à l'apéro ? Faites ces bombes de raclette. Résultat garanti !

1 Écrasez les pommes de terre avec le beurre, du sel et du poivre à l'aide d'un presse-purée. Incorporez la ciboulette et le jaune d'œuf à l'aide d'une fourchette. Placez au moins 1 heure au réfrigérateur.

2 Coupez chaque tranche de jambon en deux dans le sens de la longueur puis en trois dans l'autre sens pour obtenir 6 morceaux. Coupez chaque tranche de fromage à raclette en 6 morceaux.

3 Sortez la purée de pommes de terre du réfrigérateur. Prélevez 1 cuillerée à soupe de purée, placez-la dans une main. Avec l'autre main, aplatissez légèrement la purée, mettez dessus 1 morceau de jambon et 1 morceau de fromage. Enfermez-les dans la purée en formant une boulette.

4 Enrobez les boulettes de farine, puis trempez-les dans les œufs battus et enfin passez-les dans la chapelure. Faites frire les boulettes dans l'huile chaude à 160 °C, par petites quantités, jusqu'à ce qu'elles soient bien dorées. Retirez-les à l'aide d'une écumoire et égouttez-les sur du papier absorbant.

Toasts de chou-fleur au fromage fondu

POUR 2 PERSONNES

1 **chou-fleur**

1 pincée de **sel**

2 **œufs**

50 g de **parmesan** râpé

1 poignée de **basilic** haché

1 c. à c. d'**ail semoule**

1 c. à c. d'**origan**

½ c. à c. de **piment rouge** séché en flocons

Fromage de votre choix en tranches fines

Des super croques pour une soirée chou-fleurie !

1. Râpez le chou-fleur au-dessus d'un grand bol. Saupoudrez d'une pincée de sel le chou-fleur râpé et mélangez. Laissez reposer pendant 20 minutes. Versez le chou-fleur dans un torchon propre et essorez-le.
2. Mélangez le chou-fleur avec le reste des ingrédients (sauf le fromage) jusqu'à obtenir un mélange homogène.
3. À l'aide d'une cuillère, transférez l'équivalent de 2 bonnes cuillerées de préparation dans une poêle chaude avec de l'huile. Aplatissez légèrement la préparation et formez 2 « toasts » carrés. Faites dorer 10 minutes de chaque côté.
4. Ajoutez une tranche de fromage sur un « toast » et patientez encore 2 minutes pour que le fromage fonde. Déposez un « toast » sur le fromage et dégustez.

WEEK-END

Miniburgers 4 façons

POUR 12 BURGERS

À vous de décider lequel de ces miniburgers vous dégusterez au petit déjeuner, à midi, dans l'après-midi ou le soir ! Et pourquoi ne pas les servir tous en même temps ?

MINIBURGERS POULET-PARMESAN

12 **buns** ou petits **pains ronds**

225 g de **poulet rôti** détaillé en fines lanières

120 g de **sauce marinara** (sauce tomate à l'ail et aux herbes)

225 g de **mozzarella** coupée en morceaux

4 c. à s. de **basilic** haché

125 ml de **beurre** fondu

3 gousses d'**ail** finement hachées

2 c. à s. de **persil** ciselé

2 c. à s. de **parmesan** râpé

1 Préchauffez le four à 180 °C.

2 Fendez les buns en deux. Placez les bases sur une plaque de four à rebords de 23 × 33 cm. Garnissez-les de poulet, de sauce marinara, de mozzarella et de basilic. Recouvrez avec la partie supérieure des buns.

3 Mélangez le beurre fondu, l'ail, le persil et le parmesan. Badigeonnez le dessus des buns de ce mélange. Enfournez 20 minutes.

MINIBURGERS POULET SAUCE BBQ

12 **buns** ou petits **pains ronds**

225 g de **poulet cuit** détaillé en lanières

85 g de **sauce barbecue**

½ **oignon rouge** émincé

6 tranches de **cheddar** coupées en deux

4 c. à s. de **persil** ciselé

2 c. à s. de **beurre**

1 Préchauffez le four à 180 °C.

2 Fendez les buns en deux. Placez les bases sur une plaque de four à rebords de 23 × 33 cm. Garnissez-les de poulet, de sauce barbecue, d'oignon rouge, de fromage et de persil. Recouvrez avec la partie supérieure des buns.

3 Badigeonnez le dessus de beurre fondu. Enfournez 20 minutes.

POULET-PARMESAN

POULET SAUCE BBQ

MINICHEESEBURGERS

12 **buns** ou petits **pains ronds**

900 g de **bœuf haché**

1 c. à c. de **sel**

2 c. à c. de **poivre noir**

2 c. à c. d'**ail semoule**

½ **oignon blanc** coupé en dés

6 tranches de **cheddar** coupées en deux

2 c. à s. de **beurre** fondu

1 c. à s. de **graines de sésame**

1 Préchauffez le four à 180 °C.

2 Mélangez le bœuf, le sel, le poivre et l'ail sur une plaque de four à rebords de 23 × 33 cm. Pressez le mélange pour obtenir une couche lisse et égale. Enfournez 20 minutes. Réservez le bœuf cuit et jetez le jus.

3 Fendez les buns en deux. Placez les bases sur une plaque de four à rebords de 23 × 33 cm. Garnissez-les de bœuf cuit, d'oignon et de fromage. Recouvrez avec la partie supérieure des buns.

4 Badigeonnez le dessus de beurre fondu et parsemez de graines de sésame. Enfournez 20 minutes.

MINIBURGERS DU BRUNCH

12 **buns** ou petits **pains ronds**

9 **œufs brouillés**

6 tranches de **jambon blanc** coupées en deux

6 tranches de **cheddar** coupées en deux

6 tranches de **bacon cuit** coupées en deux

85 g de jeunes **pousses d'épinard**

2 c. à s. de **beurre** fondu

1 c. à c. de **poivre noir**

1 Préchauffez le four à 180 °C.

2 Fendez les buns en deux. Placez les bases sur une plaque de four à rebords de 23 × 33 cm. Garnissez-les d'œufs brouillés, de jambon, de cheddar, de bacon et d'épinards. Recouvrez avec la partie supérieure des buns.

3 Badigeonnez le dessus de beurre fondu et poivrez. Enfournez 20 minutes.

MINICHEESEBURGER

BRUNCH

Roulés de bœuf façon fajita

POUR 3 PERSONNES

2 c. à s. d'**huile d'olive**

1 **oignon** émincé

3 gousses d'**ail** hachées

½ **poivron vert** émincé

½ **poivron rouge** émincé

½ **poivron jaune** émincé

ASSAISONNEMENT

½ c. à c. de **piment en poudre**

½ c. à c. de **paprika**

⅛ de c. à c. de **poivre de Cayenne**

½ c. à c. de **cumin**

½ c. à c. d'**ail semoule**

½ c. à c. d'**origan** séché

½ c. à c. de **sel**

½ c. à c. de **poivre noir**

680 g de **bavette de bœuf** fine

50 g de **cheddar** râpé

Longues **piques en bois** ou petites **piques à brochette**

Les amateurs de viande rouge grillée auront l'eau à la bouche avec cette recette toute simple de roulés de steak au fromage, aux épices et au piment. Vous pouvez les façonner à l'aide de piques en bois ou de petites piques à brochette – veillez simplement à ce que les roulés soient bien fixés pour qu'ils conservent leur forme.

1. Préchauffez le four à 180 °C.
2. Faites chauffer une poêle en fonte à feu moyen, et versez l'huile. Faites revenir l'oignon, l'ail et les poivrons 5 minutes pour les attendrir.
3. Mélangez les ingrédients de l'assaisonnement et saupoudrez la viande des 2 côtés. Posez la viande à plat sur une planche à découper, les fibres courant de haut en bas. Disposez la garniture aux poivrons au centre, en laissant un espace de 1 cm de chaque côté. Nappez la garniture d'une couche de fromage.
4. Enroulez fermement la viande de la gauche vers la droite pour pouvoir la couper dans le sens contraire des fibres. Insérez les piques par le côté pour que les roulés puissent garder leur forme, et coupez entre les piques à l'aide d'un couteau tranchant.
5. Faites chauffer la poêle à feu vif et saisissez les roulés 3 minutes. Retournez-les et faites cuire 3 minutes de l'autre côté. Enfournez 10 minutes, ou selon le type de cuisson souhaité.

Ailes de poulet buffalo croustillantes

POUR 4 PERSONNES

110 g de **fécule de maïs**
1 kg d'**ailes de poulet**
40 g de **farine**
1 c. à c. de **paprika**
1 c. à c. d'**ail semoule**
1 c. à c. de **poivre de Cayenne**
2 c. à c. de **levure chimique**
2 c. à c. de **sel**
1 c. à c. de **poivre noir**
Huile d'arachide ou autre huile végétale
130 g de **sauce piquante buffalo** (ou autre sauce piquante)
Sauce ranch ou **dip au bleu** pour accompagner
Bâtons de **céleri** pour accompagner

Saviez-vous que la fécule de maïs permet de confectionner des ailes de poulet frites vraiment croustillantes ?

1 Dans un saladier, remuez les ailes de poulet dans 35 g de fécule de maïs de façon à bien les enrober. Laissez-les reposer 20 minutes sur une grille en métal, au réfrigérateur de préférence.

2 Mélangez le reste de fécule, la farine, le paprika, l'ail semoule, le poivre de Cayenne, la levure chimique, le sel et le poivre. Incorporez progressivement 165 ml d'eau, sans cesser de fouetter, de façon à éliminer les grumeaux pour obtenir une pâte lisse. Elle doit être assez liquide.

3 Faites chauffer l'huile à 180 °C dans une casserole.

4 Plongez les ailes de poulet dans la pâte, secouez-les pour en ôter l'excédent. Faites-les frire en plusieurs fois, 8 à 10 minutes. Disposez-les sur une grille en métal placée sur un plat tapissé de papier absorbant.

5 Transvasez-les dans un saladier, versez la sauce piquante et mélangez pour bien les enduire de sauce. Placez-les sur un plateau de service et servez-les avec une sauce ranch ou un dip au bleu et des bâtons de céleri.

Tornado potatoes

POUR 2 POMMES DE TERRE

2 **pommes de terre** moyennes

4 c. à s. de **beurre** fondu

80 g de **parmesan** râpé + un peu pour servir

½ c. à c. de **poivre noir**

1 c. à s. d'**ail semoule**

1 c. à s. de **paprika**

1 c. à c. de **sel**

Persil ciselé pour servir

2 **brochettes en bambou**

Même les débutants auront l'impression d'être des pros du taillage de légumes après avoir tranché ces pommes de terre en accordéon. Pour faire cette recette, enfilez la pomme de terre sur une brochette, taillez-la en spirale en tournant la brochette, espacez les tranches et garnissez-les de beurre, de fromage et d'épices. Faites-les cuire au four pour qu'elles soient croustillantes. On dirait des brochettes de frites !

1 Préchauffez le four à 160 °C.

2 Faites précuire les pommes de terre 1 minute à 1 min 30 au micro-ondes, puis laissez-les refroidir et ramollir quelques minutes. Insérez une brochette dans chaque pomme de terre et faites glisser doucement la pomme de terre vers le haut. Taillez-la en spirale avec un couteau en tournant la brochette dans le sens opposé. Prenez votre temps afin d'obtenir de fines tranches de haut en bas.

3 Espacez les tranches de pomme de terre le long de la brochette. Badigeonnez-les de beurre fondu.

4 Mélangez le parmesan, le poivre, l'ail, le paprika et le sel. Placez chaque brochette au-dessus du bol et parsemez les pommes de terre de ce mélange. Placez-les dans un plat allant au four, en laissant reposer les extrémités des brochettes sur les bords, de façon que les pommes de terre soient suspendues.

5 Faites cuire 25 à 30 minutes au four. Garnissez de parmesan et de persil. Laissez refroidir 5 minutes avant de servir.

Travers de porc au robot-cuiseur sauce miel et ail

POUR 3 PERSONNES

1 c. à s. de **sel**

1 c. à s. de **poivre noir**

1 c. à s. de **paprika**

1 c. à s. de **piment** en poudre

1,2 kg de **travers de porc** coupé en deux

350 g de **miel**

125 ml de **sauce soja**

10 gousses d'**ail** pressées

Ces travers de porc fondants à souhait sont tout simplement divins. Ils se préparent en un clin d'œil et après une cuisson très lente au robot-cuiseur (type Cookeo), ils offrent une délicieuse sauce salée-sucrée au miel et à l'ail.

1 Dans un bol, mélangez le sel, le poivre, le paprika et le piment. Assaisonnez la viande avec ce mélange de manière uniforme et de tous les côtés.

2 Dans un robot-cuiseur (type Cookeo), mélangez le miel, la sauce soja et l'ail. Ajoutez les travers de porc et enrobez-les de sauce. Maintenez-les debout, le côté plus charnu vers le bas, de manière qu'ils reposent contre la paroi du récipient. Couvrez et laissez cuire 4 heures à température élevée, ou 7 à 8 heures à température basse. Assurez-vous après le temps de cuisson que la viande est cuite à cœur et bien tendre.

3 Enlevez les travers du robot et posez-les sur une planche à découper. Tranchez entre les os pour les séparer. Accompagnez le plat du reste de sauce, si nécessaire.

1

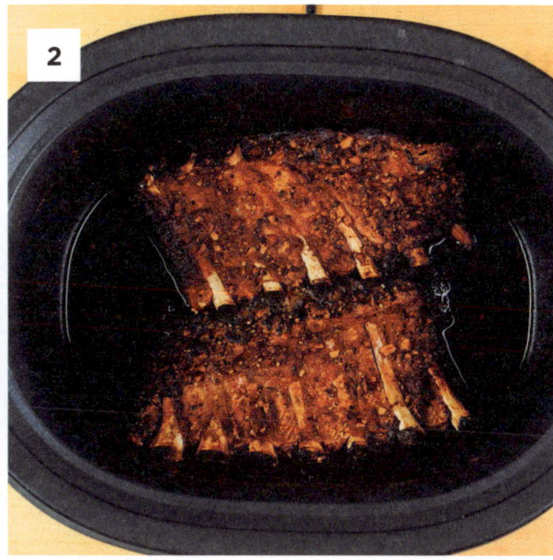
2

3

Tacos au porc à la mexicaine

POUR 10 À 12 TACOS

2,5 kg d'**épaule de porc** désossée

3 c. à s. de **pâte d'achiote**

2 c. à s. de **piment guajillo** en poudre

1 c. à s. d'**ail semoule**

1 c. à s. d'**origan**

1 c. à s. de **cumin**

1 c. à s. de **sel**

1 c. à s. de **poivre noir**

180 ml de **vinaigre blanc**

250 ml de **jus d'ananas**

1 **ananas** sans la peau, tranché en rondelles de 2,5 cm d'épaisseur

POUR SERVIR

10 à 12 petites **tortillas de maïs**

1 **oignon blanc** finement haché

1 bouquet de **coriandre** ciselée

250 ml de **salsa**

1 **avocat** coupé en dés

Quartiers de **citron vert**

1 grosse **pique en bois** coupée à la taille de votre four

Si vous recherchez un plat aigre-doux, ce délicieux porc mariné à l'ananas est ce qu'il vous faut. La pâte d'achiote, en vente dans les épiceries mexicaines ou sur Internet, donne à la viande sa couleur et sa saveur.

1 Coupez l'épaule de porc en tranches de 1 cm d'épaisseur, puis transvasez-les dans un grand saladier. Mélangez la pâte d'achiote, le piment guajillo en poudre, l'ail semoule, l'origan, le cumin, le sel, le poivre, le vinaigre et le jus d'ananas, en écrasant les ingrédients et en remuant jusqu'à l'obtention d'une marinade lisse. Versez-la sur les tranches de porc, remuez pour les enrober de tous côtés. Couvrez de film alimentaire et mettez au moins 2 heures au réfrigérateur. (Vous pouvez les faire mariner jusqu'à 3 jours.)

2 Préchauffez le four à 180 °C. Chemisez une plaque de four de papier sulfurisé ou de papier d'aluminium.

3 Placez 1 ou 2 rondelles d'ananas sur la plaque. Enfoncez la pique au milieu ; elle doit rester en position verticale, y compris pendant la cuisson. Retirez le porc du réfrigérateur et enfilez les tranches sur la pique en laissant un espace de 2,5 cm en haut. Enfilez une autre rondelle d'ananas à cet endroit.

4 Faites cuire 1 h 30 au four jusqu'à ce que la viande soit légèrement carbonisée à l'extérieur et rouge foncée à l'intérieur. Laissez reposer 10 minutes, puis découpez le porc et l'ananas rôtis en petits morceaux.

5 Garnissez les tortillas de morceaux de porc, d'ananas et d'oignon. Ajoutez 1 pincée de coriandre, 1 cuillerée de salsa et des dés d'avocat. Servez avec les quartiers de citron vert.

Beignets de saucisse au fromage et au piment

POUR 4 BEIGNETS

4 **saucisses de Francfort**

4 fines tranches de **cheddar** à température ambiante

150 g de **farine**

150 g de **fécule de maïs**

55 g de **sucre**

4 c. à c. de **levure chimique**

¼ de c. à c. de **sel**

⅛ de c. à c. de **poivre noir**

250 ml de **lait**

1 **œuf**

1 **piment jalapeño** haché

Huile d'arachide ou **végétale**

Moutarde pour servir

4 **brochettes en bambou**

Les brochettes mettent toujours l'eau à la bouche. Ce plat servi dans les fêtes foraines aux États-Unis est étonnamment simple à faire chez soi. Il fait penser à un hot dog moelleux au fromage, présenté de façon originale et appétissante. Si la pâte ne colle pas assez, farinez un peu les saucisses congelées.

1 Enroulez chaque saucisse dans 1 tranche de fromage. Insérez une pique en bois dans chaque saucisse dans le sens de la longueur. Placez les brochettes sur une plaque du four, côté soudé vers le bas. Mettez-les 20 minutes au congélateur.

2 Mélangez les ingrédients secs dans un grand saladier. Incorporez le lait, l'œuf et le piment. Remuez jusqu'à l'obtention d'une pâte lisse sans grumeaux. Ajoutez, si nécessaire, 1 à 2 cuillerées à soupe de farine. La pâte doit être assez épaisse pour adhérer aux saucisses entourées de fromage. Versez-la dans un grand verre pour tremper plus facilement les saucisses.

3 Faites chauffer l'huile à 180 °C.

4 En tenant le bout d'une pique, plongez entièrement la saucisse congelée dans la pâte. Faites-la pivoter sur elle-même en la sortant pour laisser s'écouler l'excédent de pâte. Avec des pinces, placez-la dans l'huile brûlante. Laissez frire 30 à 60 secondes jusqu'à ce qu'une croûte se forme, puis retournez-la. Laissez cuire 3 à 5 minutes pour qu'elle soit dorée de tous côtés. Répétez cette opération avec le reste des saucisses. Accompagnez ces beignets de moutarde.

Burgers au poulet frit

POUR 8 BURGERS

8 **cuisses de poulet** désossées, sans la peau

MARINADE

500 ml de **lait ribot**

1 c. à c. de **sel**

1 c. à c. de **poivre noir**

½ c. à c. de **poivre de Cayenne**

SAUCE À L'ANETH

420 g de **yaourt grec**

3 c. à s. d'**aneth** haché

1 c. à c. d'**ail semoule**

2 c. à s. de **jus de citron**

20 g de **parmesan** râpé

FARINE ASSAISONNÉE

300 g de **farine**

1 c. à s. de **sel**

2 c. à c. de **poivre noir**

1 ½ c. à c. de **poivre de Cayenne**

1 c. à s. d'**ail semoule**

Huile d'arachide ou **végétale**

POUR SERVIR

Beurre ramolli

8 **buns briochés**

Laitue

2 **tomates** coupées en rondelles

Le poivre de Cayenne présent dans la marinade et dans la farine donne à ce sandwich une saveur particulièrement relevée. Déjà délicieux avec du poulet juteux, de la laitue et de la tomate, avec cette sauce au yaourt, au citron et à l'aneth, c'est un régal !

1 Mélangez tous les ingrédients de la marinade. Remuez les cuisses de poulet dedans, puis laissez au moins 1 heure au réfrigérateur.

2 Mélangez tous les ingrédients de la sauce à l'aneth. Couvrez et laissez reposer au moins 1 heure au réfrigérateur.

3 Mélangez la farine avec le sel, le poivre, le poivre de Cayenne et l'ail. Farinez les cuisses de poulet de façon à bien les enrober.

4 Faites chauffer l'huile à 180 °C dans une marmite profonde. Elle doit être remplie seulement à moitié. Faites frire le poulet 7 minutes. L'intérieur doit avoir une température de 165 °C et la peau doit être dorée et croustillante. Égouttez sur une assiette tapissée de papier absorbant ou sur une grille.

5 Faites chauffer un gros poêlon. Fendez les buns et beurrez les parties tranchées, puis faites-les griller jusqu'à ce qu'ils soient dorés et croustillants. Assemblez les burgers en les garnissant de laitue, de poulet frit, de rondelles de tomate et de sauce à l'aneth.

SUCRÉ

Poke cake 4 façons

POUR 12 PARTS

Pas besoin de tenter de percer le mystère de ces gâteaux. Ils sont fondants, simples et délicieux.

POKE CAKE AU CHOCOLAT

1 **gâteau au chocolat** maison ou fait avec un mélange pour gâteau

400 g de **confiture de lait** chauffée

440 g de **glaçage au chocolat**

60 g de **noix de pécan** hachées

90 g de **pépites de chocolat**

Nappage au caramel

1 Avec le manche d'une cuillère en bois, percez 3 rangées de 4 trous dans le gâteau (12 trous en tout). Nappez le gâteau de confiture de lait chaude et laissez reposer 10 minutes pour que la confiture pénètre bien ; il doit en rester un peu à la surface du gâteau. Si nécessaire, refaites-la chauffer ou mélangez-la à un peu de lait pour la rendre plus fluide.

2 Étalez le glaçage au chocolat sur le gâteau en lissant la surface. Parsemez de noix de pécan et de pépites de chocolat, puis arrosez de caramel. Mettez au frais au moins 3 heures.

POKE CAKE BANANE ET BEURRE DE CACAHUÈTE

1 **génoise aux jaunes d'œufs** maison ou faite avec un mélange tout prêt

4 **bananes** : 2 écrasées et 2 coupées en rondelles

385 g de **beurre de cacahuète** fondu

400 g de **lait concentré sucré**

225 ml de **crème fouettée**

70 g de **cacahuètes** grillées, hachées

1 Avec le manche d'une cuillère en bois, percez 3 rangées de 4 trous dans le gâteau (12 trous en tout).

2 Mélangez 2 bananes écrasées, 255 g de beurre de cacahuète fondu et le lait concentré sucré. Au besoin, ajoutez un peu de lait pour fluidifier le mélange. Versez-le sur le gâteau et laissez reposer 10 minutes pour qu'il pénètre bien ; il doit en rester un peu sur le dessus.

3 Étalez la crème fouettée sur le dessus, en la lissant. Garnissez de rondelles de banane, arrosez avec le reste de beurre de cacahuète fondu et parsemez de cacahuètes grillées. Mettez au frais au moins 3 heures.

POKE CAKE À LA CRÈME ET AUX BISCUITS

1 **gâteau au chocolat** maison
ou fait avec un mélange pour gâteau

250 g de **crème dessert à la vanille**

225 ml de **crème fouettée**

100 g de **biscuits au chocolat** émiettés
+ un peu pour décorer

400 g de **lait concentré sucré**

1 Avec le manche d'une cuillère en bois, percez 3 rangées de 4 trous dans le gâteau (12 trous en tout).

2 Mélangez la crème dessert à la vanille, la crème fouettée et les miettes de biscuits au chocolat.

3 Versez le lait concentré sur le gâteau et laissez reposer 10 minutes pour qu'il pénètre bien ; il doit en rester un peu sur le dessus.

4 Étalez la préparation à la crème sur le gâteau et lissez la surface. Parsemez de miettes de biscuits. Mettez au moins 3 heures au frais.

POKE CAKE CREAM CHEESE ET FRUITS ROUGES

1 **gâteau à la vanille** maison
ou fait avec un mélange pour gâteau

400 g de **fraises** équeutées

225 g de **cream cheese** ramolli

400 g de **lait concentré sucré**

150 g de **mûres** écrasées

150 g de **framboises** écrasées

225 ml de **crème fouettée**

Petits-beurre émiettés

Fraises coupées en morceaux, **mûres**
et **framboises** pour décorer

1 Avec le manche d'une cuillère en bois, percez 3 rangées de 4 trous dans le gâteau (12 trous en tout).

2 Écrasez les fraises avec un presse-purée ou une fourchette jusqu'à l'obtention d'une purée. Ajoutez le cream cheese et le lait concentré, en fouettant jusqu'à ce qu'il n'y ait plus de gros grumeaux. Ajoutez les mûres et les framboises écrasées. Remuez brièvement pour que les couleurs ne se mélangent pas. Versez le mélange sur le gâteau et laissez reposer 10 minutes pour qu'il pénètre bien ; il doit en rester un peu sur le dessus.

3 Étalez la crème fouettée en lissant la surface. Éparpillez les miettes de biscuits sur le dessus, ajoutez les morceaux de fraise, des mûres et des framboises. Mettez au moins 3 heures au frais.

CHOCOLAT >

< BANANE ET BEURRE DE CACAHUÈTE

< CRÈME ET BISCUITS

CREAM CHEESE
ET FRUITS ROUGES >

Escargot géant à la cannelle

POUR 12 PERSONNES

PÂTE

125 g de **beurre doux** fondu + beurre pour le moule

500 ml de **lait entier** chaud

110 g de **sucre**

1 sachet de **levure de boulanger sèche**

750 g de **farine**

1 c. à c. de **levure chimique**

2 c. à c. de **sel**

GARNITURE

170 g de **beurre** ramolli

165 g de **cassonade blonde**

2 c. à s. de **cannelle**

GLAÇAGE

125 g de **cream cheese** ramolli

2 c. à s. de **beurre** fondu

2 c. à s. de **lait entier**

1 c. à c. d'**extrait de vanille**

160 g de **sucre glace**

Si vous n'avez jamais tenté de faire des viennoiseries, cette recette est magique pour une première fois. Un escargot à la cannelle est toujours un régal, mais celui-ci est vraiment géant !

1. Beurrez généreusement une poêle en fonte ou un moule à gâteau de 25 cm de diamètre.
2. Fouettez le lait chaud, le beurre fondu et le sucre. Le mélange doit être juste chaud (environ 40 °C). S'il l'est davantage, laissez-le un peu refroidir avant de passer à l'étape suivante. Saupoudrez la levure et laissez reposer 1 minute. Ajoutez 600 g de farine et mélangez avec une cuillère en bois. Couvrez le saladier avec un torchon ou du film alimentaire et laissez lever la pâte 1 heure dans un endroit chaud : elle doit doubler de volume.
3. Retirez le torchon et ajoutez 110 g de farine, la levure chimique et le sel. Remuez bien, puis retournez la pâte sur un plan de travail fariné. Pétrissez-la légèrement, en ajoutant de la farine, si nécessaire, jusqu'à ce qu'elle soit moins collante et n'adhère pas au plan de travail. Abaissez-la au rouleau pour former un grand rectangle de 1,5 cm d'épaisseur. Arrangez les coins pour qu'ils soient pointus et égaux.
4. Mélangez les ingrédients de la garniture. Étalez-la sur la pâte en la répartissant bien contre les bords. Avec une roulette à pizza, faites 3 entailles horizontales pour couper le rectangle en 4 longues bandes de même taille. En partant d'un bout, enroulez une première bande sur elle-même de gauche à droite. Prenez le premier escargot et placez-le sur la bande suivante. Enroulez de la même façon la seconde bande de gauche à droite, en enfermant le premier escargot. Continuez ainsi avec les autres bandes pour obtenir un grand escargot.

5 Placez l’escargot dans la poêle ou le moule. Couvrez avec du film alimentaire et laissez lever 30 minutes dans un endroit chaud. L’escargot doit gonfler et toucher les bords du moule.

6 Préchauffez le four à 160 °C.

7 Retirez le film alimentaire et enfournez 45 minutes. Recouvrez de papier d’aluminium pour qu’il ne brûle pas et poursuivez la cuisson 35 minutes.

8 Préparez le glaçage. Fouettez le cream cheese, le beurre, le lait, la vanille et le sucre glace.

9 Retirez l’escargot du four et laissez-le refroidir dans le moule au moins 20 minutes. Quand il est froid, démoulez-le et nappez-le de glaçage avant de le servir.

Soufflé au chocolat 2 ingrédients

POUR 2 PERSONNES

150 g de **pâte à tartiner** aux noisettes et au chocolat

2 **œufs**

Si vous pensiez que soufflé rimait avec difficulté…

1 Préchauffez le four à 190 °C.

2 Séparez les jaunes d'œufs des blancs et placez-les dans 2 bols différents. Mélangez les jaunes d'œufs à la pâte à tartiner à l'aide d'une spatule. Dans l'autre bol, montez les 2 blancs d'œufs en neige ferme avec un batteur électrique.

3 Incorporez ¾ des blancs d'œufs dans le mélange chocolat-jaunes d'œufs. Ajoutez les blancs d'œufs restants au mélange ; incorporez-les délicatement jusqu'à ce que le mélange soit lisse.

4 Versez le mélange dans 2 ramequins préalablement graissés. Nettoyez les bords afin que le soufflé monte uniformément, et faites cuire au four pendant 15 à 17 minutes. Servez immédiatement et régalez-vous !

1

2

3

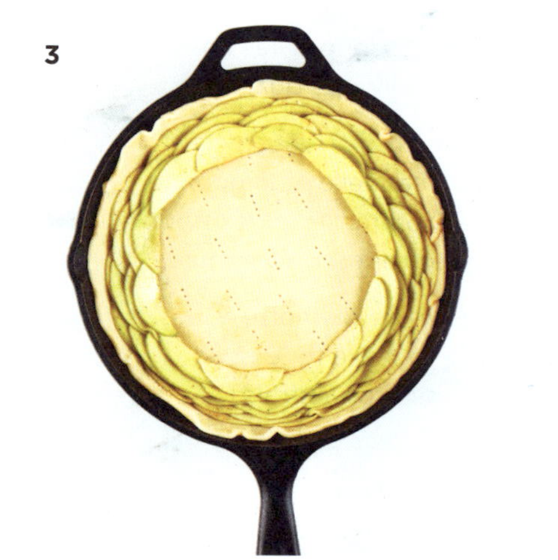

4

Rose tarte pomme caramel

POUR 6 PERSONNES

4 **pommes**

Le **jus** de 1 **citron**

110 g de **sucre**

110 g de **cassonade**

¼ de c. à c. de **cannelle**

¼ de c. à c. de **noix de muscade**

1 **pâte feuilletée**

60 ml de **crème épaisse**

Vous pensez sans doute qu'il faut on ne sait quels ustensiles pour réaliser cette superbe tarte ? Et non. Seulement un couteau ! Ne jetez pas le sirop de macération fait pour les pommes. On en fait une super sauce caramel.

1 Pelez les pommes et placez-les dans un grand bol. Recouvrez-les d'eau, puis ajoutez le jus du citron pour qu'elles ne brunissent pas. Retirez-les, coupez-les en gros quartiers en ôtant le cœur. Détaillez les quartiers en fines tranches.

2 Mélangez le sucre, la cassonade, la cannelle et la noix de muscade. Ajoutez les tranches de pomme. Remuez pour les enrober du mélange, puis laissez reposer 30 minutes.

3 Foncez une poêle en fonte de 23 cm de diamètre ou un moule à tarte avec la pâte. Piquez le fond avec une fourchette et placez 20 à 30 minutes au frais.

4 Retirez par poignées les tranches de pomme du mélange sucre-cannelle. Pressez-les délicatement avec les mains pour retirer l'excédent de liquide. Placez les pommes ainsi égouttées dans un grand bol à part ; réservez le sirop de macération pour la sauce caramel.

5 Préchauffez le four à 190 °C.

6 En partant des bords, disposez les tranches de pomme en rosace sur le fond de tarte. Roulez une tranche et placez-la au centre pour créer un bouton de rose. Couvrez la tarte de papier d'aluminium et enfournez 30 minutes. Enlevez le papier d'aluminium et poursuivez la cuisson 10 minutes. Laissez refroidir 10 minutes.

7 Dans une casserole, portez le sirop de macération à ébullition. Quand il a réduit de moitié, au bout de 10 à 15 minutes, ajoutez la crème épaisse et remuez. Nappez la tarte froide de ce caramel avant de servir.

Petites tortillas aux fruits

POUR 6 TARTELETTES

TORTILLAS

55 g de **sucre**

1 c. à s. de **cannelle**

2 c. à s. de **beurre fondu**

3 **tortillas de blé**

CRÈME FOUETTÉE

250 ml de **crème épaisse**

1 c. à c. d'**extrait de vanille**

2 c. à s. de **sucre**

GARNITURE

Fruits frais de votre choix

Un dessert simple, juste avec des tortillas, un moule à muffins et des fruits frais. Si vous n'aimez pas les fruits frais, remplacez-les par des fruits à coque grillés. Et si vous n'aimez pas la crème fouettée, remplacez-la par une cuillerée de glace à la vanille.

1 Préchauffez le four à 190 °C.

2 Mélangez le sucre et la cannelle dans un petit bol. Beurrez chaque côté des tortillas, saupoudrez-les de sucre à la cannelle, puis coupez-les en quatre de façon à obtenir 12 carrés. Foncez chaque alvéole d'un moule à muffins avec 2 carrés. Appuyez dessus pour former une coupelle. Faites cuire au four 13 à 15 minutes jusqu'à ce que les fonds de tarte soient croustillants. Retirez-les du four et laissez-les refroidir dans le moule.

3 Battez la crème, la vanille et le sucre au batteur électrique jusqu'à ce que des pics fermes se forment.

4 Garnissez les tartelettes d'une cuillerée de crème fouettée, puis ajoutez les fruits de votre choix.

Sorbet aux mûres

POUR 2 PERSONNES

450 g de **mûres** surgelées

90 g de **miel** ou autre édulcorant de votre choix

Un sorbet maison, c'est bien plus facile que ce qu'on croit. Il suffit de mixer les mûres surgelées avec du miel, puis de congeler le tout dans un moule.

1 Battez à vitesse rapide les mûres et le miel avec un robot ménager ou un mixeur. Versez cette préparation dans un moule rectangulaire. Lissez la surface.

2 Laissez 2 heures au congélateur jusqu'à ce que la glace soit ferme mais assez molle pour que vous puissiez prélever des boules. Si vous la laissez prendre toute une nuit, couvrez le moule avec un couvercle ou du film alimentaire, puis laissez 5 à 10 minutes à température ambiante avant de servir.

Truffes aux pépites de chocolat blanc

POUR 4 PERSONNES

500 g de **pépites de chocolat blanc**

1 c. à c. d'**extrait de vanille**

120 ml de **crème épaisse**

170 g de **pépites de chocolat noir**

GARNITURE

170 g de **pépites de chocolat noir**, fondues

50 g de **pépites de chocolat blanc**, fondues

Pour cette recette de truffes, on fait fondre la crème et le chocolat pour obtenir une jolie ganache. Quand elle a refroidi, on la divise en boules à l'aide d'une cuillère à glace ou à melon – sachant qu'une cuillère classique fera aussi bien l'affaire – avant de décorer les truffes de swirls blancs ou noirs comme les grands chocolatiers.

1 Dans une casserole, faites fondre les pépites de chocolat blanc, la vanille et la crème à feu doux. Mélangez jusqu'à ce que la préparation soit onctueuse. Versez-la dans un moule à pain et laissez reposer 20 minutes au réfrigérateur.

2 Placez les pépites de chocolat noir dans la préparation aux truffes et mélangez. Laissez raffermir 1 heure au réfrigérateur.

3 Formez des boules à l'aide d'une cuillère à glace (placez la préparation de nouveau au réfrigérateur si elle fond). Conservez les truffes au réfrigérateur pendant que vous préparez la garniture.

4 Faites fondre les pépites de chocolat noir et les pépites de chocolat blanc séparément. Plongez les truffes dans le chocolat noir fondu et laissez sécher. Nappez-les d'un filet de chocolat blanc fondu et placez-les au réfrigérateur. Servez bien froid.

Churros

POUR 10 CHURROS

140 g de **farine**

1 pincée de **sel**

2 c. à c. de **sucre**

Le **zeste** de 1 **citron**

300 ml d'**eau bouillante**

60 g de **beurre**

1 c. à c. d'**extrait de vanille**

3 **œufs**

Huile d'arachide ou **végétale** pour friture

Sucre à la cannelle (sucre et cannelle mélangés)

POUR SERVIR

Confiture de fraises

Crème épaisse

USTENSILE

Poche à douille cannelée

Voilà le type de dessert que l'on n'aurait jamais osé réaliser chez soi... jusqu'à maintenant. La pâte est un jeu d'enfants et s'ils sont plus jolis quand on les passe à travers une poche à douille cannelée, ils seront aussi délicieux avec un sachet zip dont vous aurez coupé un coin. Au moment de les faire cuire, pas de panique si vous n'avez pas de thermomètre à sucre, jetez un morceau de pain blanc dans l'huile quand vous pensez qu'elle est chaude. Si le pain grésille et dore en 30 secondes, vous pouvez y aller.

1 Tamisez la farine au-dessus d'un saladier. Ajoutez le sel, le sucre et le zeste de citron. Mélangez.

2 Dans une grande casserole, versez l'eau bouillante et ajoutez le beurre et la vanille. Chauffez à feu doux jusqu'à ce que le beurre ait fondu et que le mélange bouille. Hors du feu, ajoutez la farine. Fouettez rapidement jusqu'à ce qu'il n'y ait plus de grumeaux, et laissez refroidir 5 minutes.

3 Ajoutez les œufs un à un jusqu'à ce que la préparation soit épaisse et collante. Laissez refroidir encore 10 à 15 minutes.

4 Versez la pâte dans une poche à douille cannelée. Chauffez l'huile dans une grande casserole jusqu'à ce qu'elle atteigne 180 °C sur un thermomètre à sucre. Faites glisser la pâte dans l'huile, en coupant les extrémités à l'aide d'une paire de ciseaux de cuisine. Faites cuire 3 ou 4 churros à la fois pendant 5 minutes.

5 Égouttez les churros sur du papier absorbant puis enrobez-les de sucre à la cannelle. Servez-les avec de la confiture de fraises et de la crème fraîche pour le goûter.

Macarons cheesecake à la fraise

POUR 16 MACARONS

3 **blancs d'œufs** à température ambiante

50 g de **sucre**

350 g de **sucre glace**

125 g de **poudre d'amande** ultra-fine

3 gouttes de **colorant alimentaire rouge**

GARNITURE

240 g de **cream cheese** à température ambiante

200 g de **sucre glace**

2 c. à s. de **lait**

Confiture de fraises

USTENSILES

2 **poches à douille**

Voilà un joli dessert pour épater vos invités. Si vous ne trouvez pas de poudre d'amande ultra-fine, passez votre poudre d'amande au mixeur.

1 Dans un saladier, fouettez les blancs d'œufs jusqu'à ce qu'ils soient mousseux. Ajoutez progressivement le sucre et montez les blancs en neige ferme. Tamisez le sucre glace et la poudre d'amande au-dessus des blancs. Incorporez le mélange en un mouvement de bas vers le haut et en tournant le saladier d'un quart de tour. Quand la pâte est souple, transférez la moitié dans un autre saladier et ajoutez le colorant. Ne mélangez pas trop !

2 Versez rapidement les pâtes dans 2 poches à douille. Coupez les extrémités et pressez les deux pâtes de manière uniforme dans un plus grand sachet ou une plus grande poche afin de créer un effet multicolore.

3 Chemisez une plaque de cuisson de papier sulfurisé (collez les bords du papier avec un peu de pâte). En un mouvement circulaire, pochez des coques de 4 cm de diamètre. Soulevez la plaque de cuisson et tapotez-la délicatement sur le plan de travail. Laissez croûter 1 heure : les coques ne doivent pas être humides au toucher.

4 Préchauffez le four à 140 °C.

5 Préparez la garniture. Mélangez le cream cheese avec le sucre glace et le lait. Versez la préparation dans une poche à douille.

6 Quand les macarons sont secs, enfournez-les 13 à 15 minutes. Laissez refroidir 10 minutes hors du four. Pressez la poche contenant le cream cheese autour du bord d'un macaron et posez 1 petite cuillerée de confiture au centre. Recouvrez d'une autre coque. Conservez les macarons au réfrigérateur.

Tarte Tatin

POUR 4 À 6 PERSONNES

1 **pâte feuilletée**

6 **pommes**, de préférence des honeycrisp ou granny-smith

110 g de **sucre**

3 c. à s. de **beurre** doux

Glace à la vanille pour servir

N'attendez pas que la tarte soit complètement froide pour la retourner sur une assiette. Il faut le faire quand elle est encore tiède.

1 À l'aide d'un moule à gâteau de 23 cm de diamètre à bords droits, découpez un disque de pâte feuilletée. Piquez-le avec une fourchette.

2 Pelez les pommes et coupez-les en quartiers, ôtez le cœur et les pépins.

3 Préchauffez le four à 190 °C.

4 Faites chauffer le sucre et 3 cuillerées à soupe d'eau dans une grande casserole 5 à 7 minutes, à feu moyen, jusqu'à ce que le caramel ait une couleur légèrement ambrée, remuez pour bien dissoudre le sucre. Incorporez le beurre, sans cesser de remuer, jusqu'à ce que le caramel prenne une couleur dorée. Ajoutez les pommes et remuez pour les enduire d'une épaisse couche de caramel.

5 Faites-les cuire 15 à 20 minutes, en les retournant constamment pour qu'elles baignent dans le caramel. Retirez-les du feu quand le caramel a réduit et qu'il en reste peu au fond de la casserole. Ne laissez pas le caramel brûler et goûtez-le de temps en temps pour vérifier qu'il n'est pas amer.

6 Disposez les quartiers de pomme en cercles concentriques au fond du moule. Serrez-les bien, puis nappez-les de glaçage au caramel. Recouvrez avec le disque de pâte feuilletée. Rentrez les bords dans le moule pour créer un petit rebord.

7 Enfournez 45 à 50 minutes jusqu'à ce que la pâte soit dorée et ferme. Laissez refroidir 1 heure puis retournez la tarte sur une assiette. Découpez et servez avec la glace à la vanille.

CLASSIQUES

Minifeuilletés 4 façons

Avec ces quatre recettes, vous étofferez considérablement votre répertoire de desserts. Donc, n'hésitez pas et donnez-vous-en à cœur joie.

TRESSE FEUILLETÉE

POUR 2 TRESSES

1 **pâte feuilletée** rectangulaire

6 c. à s. de **garniture au cream cheese** (recette ci-dessous)

5 c. à s. de **pépites de chocolat**

Sucre glace pour décorer

1 Préchauffez le four à 200 °C.

2 Coupez la pâte en 2 rectangles dans le sens de la longueur. Pratiquez 5 entailles en biais dans chaque long bord des rectangles (de façon à obtenir 6 lanières d'environ 1,25 cm de large de chaque côté). Laissez 7,5 cm de pâte intacte au centre entre les 2 rangées d'entailles.

3 Étalez la moitié de la garniture sur ce centre, parsemez de pépites de chocolat. Repliez les lanières sur la garniture en les croisant.

4 Enfournez 15 à 20 minutes. Saupoudrez de sucre glace puis servez.

GARNITURE AU CREAM CHEESE

250 g de **cream cheese** ramolli

55 g de **sucre**

½ c. à c. d'**extrait de vanille**

Mélangez le cream cheese, le sucre et l'extrait de vanille jusqu'à l'obtention d'un mélange lisse.

DIAMANT À LA FRAISE

POUR 9 FEUILLETÉS

1 **pâte feuilletée** rectangulaire

9 c. à s. de **garniture au cream cheese** (recette en bas à gauche)

5 **fraises** équeutées et coupées en deux

Sucre glace pour décorer

1 Préchauffez le four à 200 °C.

2 Coupez la feuille de pâte en 9 carrés. Pliez un carré en deux de façon à obtenir un triangle. En partant de la base (pliure), pratiquez une entaille parallèle à un des côtés du triangle, à 0,5 cm du bord, sans couper jusqu'au bout (elle doit faire les ¾ de la longueur du côté). Faites de même du côté opposé. Les deux entailles ne doivent pas se rejoindre au sommet. Dépliez le triangle : vous devez avoir une bordure de 0,5 cm dont 2 coins se décollent. Saisissez l'un d'eux et rabattez-le vers l'autre. Saisissez le coin opposé et rabattez-le de la même façon vers le côté opposé. Vous devez obtenir une barquette en forme de losange.

3 Placez 1 cuillerée à soupe de garniture au cream cheese au centre, puis posez une moitié de fraise dessus. Répétez l'opération avec le reste des carrés de pâte.

4 Enfournez 15 à 20 minutes. Saupoudrez de sucre glace puis servez.

FLEUR AUX FRAMBOISES

POUR 4 FEUILLETÉS

1 **pâte feuilletée** rectangulaire

4 c. à s. de **garniture au cream cheese** (recette page ci-contre)

20 **framboises**

Sucre glace pour décorer

1 Préchauffez le four à 200 °C.

2 Coupez la pâte en 4 carrés égaux. À chaque angle des carrés, pratiquez 2 entailles perpendiculaires qui se rejoignent pour former un angle droit à 0,5 cm des bords. Vous devrez faire en tout 8 entailles mesurant à peu près ⅓ de la longueur d'un côté du carré, et obtenir ainsi une bordure carrée de 0,5 cm de large.

3 Placez 1 cuillerée à soupe de garniture au cream cheese au milieu du carré, puis posez 4 framboises dessus. Saisissez un coin de la bordure et rabattez-le vers le centre, en passant au-dessus d'une framboise. Répétez cette opération avec chaque coin de la bordure. Posez 1 framboise au centre, à l'endroit où les coins de pâte se rejoignent. Recommencez avec le reste des carrés.

4 Enfournez 15 à 20 minutes. Saupoudrez de sucre glace puis servez.

MOULIN À VENT AUX MYRTILLES

POUR 9 FEUILLETÉS

1 **pâte feuilletée** rectangulaire

9 c. à s. de **garniture au cream cheese** (recette page ci-contre)

36 **myrtilles**

Sucre glace pour décorer

1 Préchauffez le four à 200 °C.

2 Découpez la pâte en 9 carrés. Entaillez chaque coin en diagonale en vous arrêtant près du centre (n'allez pas jusqu'au milieu). Vous devez avoir fait 4 entailles en tout, ce qui permet d'obtenir 4 triangles attachés au milieu. Repliez un des coins de chaque triangle vers le centre pour former un moulin à vent.

3 Déposez 1 cuillerée à soupe de garniture au centre, puis posez 4 myrtilles dessus. Répétez cette opération avec le reste des moulins à vent.

4 Enfournez 15 à 20 minutes. Saupoudrez de sucre glace puis servez.

DIAMANT À LA FRAISE
TRESSE FEUILLETÉE
MOULIN À VENT AUX MYRTILLES

FLEUR AUX
FRAMBOISES >

Gnocchis maison

POUR 2 PERSONNES

4 **pommes de terre** à chair farineuse

1 c. à c. de **sel** + sel pour l'eau

1 c. à c. de **poivre noir**

1 **œuf**

225 g de **farine**

2 c. à s. de **beurre**

Feuilles de sauge

Le secret de ces délicieux gnocchis est dans la façon de pétrir leur pâte. Il faut écraser, mélanger puis malaxer les pommes de terre.

1 Mettez les pommes de terre dans une grande casserole, couvrez d'eau et portez à ébullition. Faites-les cuire 20 à 25 minutes. Égouttez-les et laissez-les tiédir pour pouvoir les manipuler.

2 Pelez les pommes de terre. Écrasez-les en une purée lisse sans grumeaux. Salez et poivrez, mélangez. Faites un puits au centre et cassez-y l'œuf. Fouettez rapidement, puis, avec les mains, incorporez-le délicatement aux pommes de terre en malaxant.

3 Farinez un plan de travail propre avec 150 g de farine et posez la pâte à la pomme de terre dessus. Placez les 75 g de farine restante à côté de vous. En travaillant vite et délicatement, pétrissez la pâte, en ajoutant autant de farine que nécessaire, jusqu'à ce qu'elle soit moins collante et plus ferme. Divisez-la en 4 portions. Roulez-en une pour obtenir un long boudin de 2,5 cm de diamètre. Coupez-le en deux s'il est trop long. Tranchez-le en morceaux de 1 cm d'épaisseur. Répétez cette opération avec le reste de pâte.

4 Modelez les gnocchis en les faisant rouler sur le dos d'une fourchette.

5 Portez de l'eau salée à ébullition dans une grande casserole et faites cuire les gnocchis en plusieurs fois, en remuant doucement 1 ou 2 fois pour qu'ils ne collent pas. Laissez-les bouillir jusqu'à ce qu'ils remontent à la surface, puis retirez-les de l'eau au bout de 15 à 30 secondes.

6 Faites fondre le beurre à feu moyen dans une poêle et ajoutez la sauge. Versez les gnocchis dans le beurre et remuez jusqu'à ce qu'ils soient légèrement dorés.

Poulet cordon-bleu

POUR 6 PERSONNES

4 grosses **escalopes de poulet**

Sel et **poivre**

1 c. à s. d'**ail semoule**

1 c. à s. d'**oignon semoule**

16 fines tranches de **gruyère**

8 tranches de **jambon** (240 g)

Huile d'arachide ou **végétale**

150 g de **farine**

4 **œufs** battus

150 g de **chapelure**

SAUCE À LA MOUTARDE DE DIJON

3 c. à s. de **beurre**

2 gousses d'**ail** hachées

3 c. à s. de **farine**

500 ml de **lait**

70 g de **moutarde de Dijon**

80 g de **parmesan** râpé

Sel et **poivre**

Quand une recette de poulet se double d'un tour de magie, vous savez que cela sera une réussite. Le côté fondant du jambon et le fromage au centre du poulet croustillant sont un délice garanti.

1 Assaisonnez les blancs de poulet avec du sel, du poivre, l'ail et l'oignon. Remuez pour les enrober de ce mélange. Placez-les entre 2 morceaux de film alimentaire sur une planche à découper et attendrissez-les avec un maillet à viande, un rouleau à pâtisserie ou une casserole lourde jusqu'à ce qu'ils ne mesurent plus que 1 cm d'épaisseur. Retirez le film alimentaire. Posez 2 tranches de fromage sur chaque blanc de poulet, puis 2 tranches de jambon et 2 tranches de fromage. Placez le blanc de poulet sur un nouveau morceau de film alimentaire. Enveloppez-le dedans, en le roulant. Tordez les bouts de film qui dépassent sur les côtés pour que le cordon-bleu soit bien serré et nouez-les. Répétez avec le reste des ingrédients et mettez les cordons-bleus 30 minutes au réfrigérateur.

2 Versez 5 cm d'huile dans une poêle profonde et faites-la chauffer à 170 °C.

3 Versez séparément dans 3 grands plats la farine, les œufs battus et la chapelure. Ôtez le film alimentaire. Passez d'abord les cordons-bleus dans la farine, puis dans les œufs et enfin dans la chapelure. Déposez-les dans l'huile et faites-les frire 5 minutes de chaque côté. S'ils sont bien dorés, mais que la température au centre reste inférieure à 75 °C, placez-les sur une grille posée sur une plaque de four et faites-les cuire à 160 °C au four jusqu'à ce qu'ils soient assez chauds.

4 Préparez la sauce. Dans une petite casserole, faites fondre le beurre à feu moyen et faites revenir l'ail jusqu'à ce qu'il soit tendre. Incorporez la farine et fouettez pendant 1 minute. Ajoutez le lait et fouettez pour le mélanger au roux jusqu'à ce qu'il n'y ait plus de grumeaux. Continuez de fouetter jusqu'à ce que le roux se mette à frémir et épaississe. Ajoutez la moutarde, le parmesan, salez et poivrez. Fouettez pour mélanger.

5 Tranchez les cordons-bleus en rondelles et servez-les arrosés de sauce à la moutarde.

Lasagnes au poulet et au parmesan

POUR 10 PERSONNES

3 **blancs de poulet**

Sel et **poivre**

200 g de **chapelure**

5 **œufs**

200 g de **farine**

1 grand pot de **sauce tomate**

250 g de **ricotta**

8 **feuilles de lasagne**

120 g de **fromage** râpé

120 g de **parmesan**

Huile végétale

Basilic

Pour changer des lasagnes à la bolognaise.

1 Préchauffez le four à 180° C.

2 Coupez les blancs de poulet en deux dans le sens de la largeur (aplatissez-les si nécessaire) et assaisonnez-les de sel et de poivre. Trempez le poulet dans la farine, dans 4 œufs battus et enfin dans la chapelure.

3 Faites chauffer l'huile dans une poêle en fonte et faites frire le poulet environ 4 minutes de chaque côté jusqu'à ce qu'il soit doré. Égouttez sur du papier absorbant.

4 Fouettez la ricotta avec 1 œuf.

5 Dans un plat à lasagne, étalez la moitié du pot de sauce tomate sur le fond, garnissez de feuilles de lasagne en les faisant se chevaucher. Étalez la moitié de la ricotta sur les pâtes et recouvrez-les de poulet. Parsemez 60 g de fromage râpé puis 60 g de parmesan.

6 Continuez la superposition dans le même ordre et garnissez de fromages restants. Couvrez de papier d'aluminium et enfournez 45 minutes à 1 heure, en découvrant les lasagnes pendant les 10 dernières minutes de la cuisson.

7 Parsemez de basilic frais et régalez-vous !

Lasagnes à la bolognaise

POUR 12 PERSONNES

SAUCE BOLOGNAISE

2 c. à s. d'**huile d'olive**

30 g de **beurre**

1 **oignon** émincé

1 grosse **carotte** pelée et émincée

1 tige de **céleri** émincée

2 gousses d'**ail** émincées

450 g de **bœuf haché**

450 g de **porc haché**

Sel et **poivre**

170 g de **concentré de tomates**

500 ml de **vin rouge**

800 g de **tomates concassées** en conserve

RICOTTA AUX HERBES

420 g de **ricotta**

1 petite poignée de **basilic** ciselé

100 g de **parmesan** + 1 poignée selon le goût

1 petite poignée de **persil** ciselé

1 **œuf**

Sel et **poivre**

450 g de **feuilles de lasagne** cuites

Mozzarella émiettée

Vous ferez la différence en préparant vous-même cette sauce bolognaise à la viande et à la tomate que vous glisserez entre les couches de lasagne et de fromage.

1 Préchauffez le four à 200 °C.

2 Chauffez l'huile d'olive et le beurre dans une poêle en fonte à feu moyen-vif. Faites dorer l'oignon, la carotte, le céleri et l'ail, en remuant. Ajoutez le bœuf, le porc, du sel, du poivre et le concentré de tomates. Faites dorer la viande, en séparant les morceaux.

3 Quand la sauce est bien dorée et commence à coller dans le fond du plat, mouillez avec le vin rouge. Grattez le fond à l'aide d'une cuillère en bois pour récupérer les sucs. Quand le vin commence à frémir, ajoutez les tomates et mélangez. Attendez que le liquide frémisse puis laissez cuire au moins 30 minutes (le plus long sera le mieux !).

4 Mélangez la ricotta avec le basilic, le parmesan, le persil, l'œuf, du sel et du poivre.

5 Dans un plat à four en verre de 23 × 33 cm, étalez une couche de sauce bolognaise dans le fond. Ajoutez des feuilles de lasagne et nappez-les de ricotta. Continuez dans le même ordre et parsemez le dessus de mozzarella et de parmesan. Recouvrez le plat de papier d'aluminium et enfournez 25 minutes.

6 Ôtez le papier d'aluminium et prolongez la cuisson de 15 minutes. Coupez des parts et servez.

One pot pasta pesto, poulet et bacon

POUR 4 PERSONNES

6 tranches de **lard fumé** coupées en lamelles

2 **blancs de poulet** coupés en lamelles

2 c. à c. de **sel**

1 c. à c. de **poivre noir**

1 c. à c. d'**ail semoule**

2 **oignons** émincés

4 gousses d'**ail** hachées

180 g d'**épinards**

1,2 litre de **lait**

450 g de **fettucine**

120 g de **pesto**

100 g de **parmesan** + 1 poignée selon le goût

Persil haché pour garnir le plat

Les « one pot pasta » ou « pâtes tout-en-un » ont le vent en poupe. Et cette recette, un mélange entre les sauces alfredo, primavera et carbonara, offre des arômes qui persisteront des jours. Faites dorer le lard fumé jusqu'à ce qu'il croustille de manière à créer une délicieuse saveur fumée qui imprègne une sauce crémeuse au fromage et à l'ail, dans laquelle on mélange des épinards et du poulet.

1. Faites dorer le lard fumé à feu moyen-vif dans un grand faitout ou une cocotte jusqu'à ce qu'il soit croustillant. Ajoutez le poulet, le sel, le poivre et l'ail semoule. Laissez cuire jusqu'à ce que le poulet devienne blanc. Retirez de la cocotte.
2. Ajoutez les oignons et l'ail. Mélangez jusqu'à ce qu'ils soient tendres. Quand les oignons sont bien dorés, ajoutez les épinards et laissez cuire. Versez le lait et portez à ébullition. Ajoutez les fettucine dans le lait bouillant et laissez cuire environ 7 minutes à feu moyen, à couvert, jusqu'à ce que le lait ait épaissi et que les pâtes soient cuites.
3. Ajoutez le poulet dans les pâtes, incorporez le pesto et le parmesan. Mélangez et garnissez le plat de persil et de parmesan.

Steak au poivre

POUR 2 PERSONNES

440 g de **faux-filet** de bonne qualité

2 c. à c. de **gros sel**

2 c. à s. de **poivre noir** grossièrement moulu

1 c. à s. d'**huile végétale**

2 c. à s. de **beurre**

250 ml de **crème épaisse**

80 ml de **cognac**

1 c. à s. de **moutarde de Dijon**

Les grains de poivre grossièrement moulus constituent la principale surprise de ce plat classique. Ils ont tellement de saveur que vous n'aurez plus envie d'utiliser du poivre fin déjà moulu. Parsemez-en votre steak et faites-le griller à la poêle, puis récupérez le poivre qui reste au fond pour confectionner une sauce crémeuse et piquante absolument délicieuse.

1 Saupoudrez généreusement le steak de sel et de poivre, recouvrez-le bien de cet assaisonnement. Frottez avec les mains pour faire pénétrer dans la viande.

2 Faites chauffer l'huile et 1 cuillerée à soupe de beurre dans une sauteuse, à feu moyen-vif, jusqu'à ce que le mélange commence à fumer. Faites griller le steak 4 minutes sur une face. Retournez-le et faites-le griller 4 minutes sur l'autre face pour une cuisson à point. Si le steak possède une bordure de gras, faites-la griller 30 secondes à 1 minute. Une fois le degré de cuisson atteint, placez le steak sur une planche à découper.

3 Baissez le feu sur moyen, puis versez le cognac dans la sauteuse. Laissez cuire environ 1 minute, en raclant le fond de la poêle avec un fouet pour décoller les sucs de cuisson. Une fois que le cognac a diminué de moitié, versez la crème sans cesser de fouetter. Ajoutez la moutarde de Dijon et la cuillerée de beurre restante. Poursuivez la cuisson 5 à 7 minutes jusqu'à ce que la sauce réduise et épaississe. Elle doit avoir une consistance onctueuse et napper le dos d'une cuillère. Baissez sur feu doux.

4 Coupez le steak en morceaux de 1,5 cm. Nappez-les de sauce et servez.

Raviolis de courgette bœuf et champignons

POUR 4 PERSONNES

4 ou 5 **courgettes**

2 c. à s. d'**huile d'olive**

1 **oignon** émincé

2 gousses d'**ail** émincées

200 g de **champignons de Paris** coupés en très petits morceaux

Sel et **poivre**

400 g de **bœuf haché**

260 g de **ricotta**

4 c. à s. de **persil plat** ciselé

500 g de **sauce tomate**

3 ou 4 c. à s. de **parmesan** râpé

Une recette originale ? Oui. Compliquée ? Non ! Servez ces raviolis de courgette avec une salade de jeunes pousses. Un régal !

1 Préchauffez le four à 220 °C.

2 Coupez de fins rubans de courgette à l'aide d'un économe.

3 Faites chauffer l'huile d'olive à feu doux dans une poêle et faites revenir l'oignon et l'ail. Ajoutez les champignons et laissez-les cuire à feu moyen. Ajoutez le bœuf haché et laissez cuire à feu moyen jusqu'à ce qu'il soit cuit. Laissez refroidir 5 minutes.

4 Dans un saladier, mélangez la ricotta, le persil et le bœuf.

5 Disposez 2 rubans de courgette verticalement en les faisant se chevaucher légèrement. Prenez 2 autres rubans et placez-les horizontalement sur les rubans verticaux de façon à former une croix.

6 Placez au centre de la croix 1 à 1 ½ cuillerée à soupe de farce et rabattez chacun des 4 côtés pour former un ravioli. Répétez l'opération jusqu'à ce que toute la farce soit épuisée.

7 Versez la sauce tomate dans un plat allant au four et disposez les raviolis dessus. Saupoudrez de parmesan. Enfournez 20 minutes.

Dôme de pommes de terre au fromage et au bacon

POUR 8 PERSONNES

7 **pommes de terre rouges**, de taille moyenne

2 c. à c. de **sel**

1 c. à c. de **poivre noir**

500 ml de **crème fraîche**

20 g de **beurre** légèrement ramolli

8 **pommes de terre jaunes**, moyennes ou grandes

10 tranches de **cheddar**

6 tranches de **bacon**, cuit jusqu'à être croustillant

10 g de **ciboulette** finement hachée + un peu pour accompagner

1 **pâte feuilletée**

1 c. à c. d'**oignon semoule**

1 c. à c. d'**ail semoule**

25 g de **parmesan** râpé

C'est hyper bon et fondant. Bon appétit !

1 Préchauffez le four à 180 °C.

2 À l'aide d'une mandoline, coupez les pommes de terre rouges en tranches de 3 mm d'épaisseur et les jaunes en tranches de 5 à 6 mm d'épaisseur. Mélangez les pommes de terre rouges, le sel, le poivre et la moitié de la crème.

3 Beurrez un cul-de-poule en acier inoxydable de 20 cm de diamètre allant au four. En commençant au centre, placez les pommes de terre rouges en cercle, en les faisant se chevaucher légèrement. Recommencez l'opération jusqu'à arriver à environ 1 cm du bord.

4 Mélangez les tranches de pomme de terre jaune avec le restant de crème. Enlevez l'excédent puis disposez les tranches de pomme de terre au fond du bol pour former un fond plat. Disposez 2-3 couches de pommes de terre jaunes. Ajoutez une couche de fromage en comblant les trous.

5 Recouvrez de quelques couches de pommes de terre jaunes, puis faites un étage de bacon croustillant. Continuez en disposant des couches de pomme de terre puis de fromage. Après la quatrième couche de pomme de terre, saupoudrez de ciboulette. Terminez par une couche de pommes de terre.

6 Calez la pâte feuilletée sur le dessus des pommes de terre et appuyez légèrement. Enfournez 1 h 30. Si la pâte ou les bords des pommes de terre près du haut commencent à trop dorer, recouvrez le plat de papier d'aluminium et continuez la cuisson. Laissez refroidir.

7 Préparez la sauce à l'ail en transférant la crème utilisée pour les pommes de terre dans une casserole. Ajoutez l'oignon et l'ail semoule, le parmesan, et portez à ébullition en remuant. Réservez et réchauffez avant de servir.

8 Augmentez le four à 200 °C. Passez un couteau le long du bol pour vous assurer que les pommes de terre ne collent pas au cul-de-poule, puis renversez sur une plaque de cuisson. Enfournez 10 minutes. Transférez le dôme sur un plat de service et découpez-le en parts. Servez avec la sauce et 1 pincée de ciboulette.

VEGGIE

< CHIPS DE COURGETTE

Chips veggie 4 façons

POUR 1 OU 2 PORTIONS

Ces chips croustillantes d'un genre nouveau sont colorées et saines car elles ne sont pas frites.

CHIPS DE CHOU KALE

1 bouquet de **chou kale**
2 c. à s. d'**huile d'olive**
¼ de c. à c. de **sel**
¼ de c. à c. de **poivre**
¼ de c. à c. de **paprika**

1. Préchauffez le four à 180 °C. Tapissez une plaque de four de papier sulfurisé.
2. Retirez les feuilles de chou kale des tiges avec un couteau, puis coupez-les en petits morceaux. Mettez-les dans un bol et versez l'huile d'olive. Mélangez le sel, le poivre et le paprika, puis versez dans le bol. Remuez.
3. Disposez les morceaux assaisonnés sur la plaque de four sans les chevaucher. Enfournez 10 à 15 minutes jusqu'à ce que les bords des chips soient dorés. Laissez refroidir à température ambiante.

CHIPS DE POMME

2 **pommes**
Huile de cuisson en spray ou **végétale**
1 c. à c. de **cannelle**

1. Préchauffez le four à 180 °C. Chemisez une plaque de four de papier sulfurisé.
2. Coupez les pommes en rondelles de 3 à 6 mm d'épaisseur. Disposez-les sur la plaque. Vaporisez de l'huile dessus ou badigeonnez-les avec de l'huile en bouteille. Saupoudrez-les de cannelle. Enfournez 30 minutes, en les retournant à mi-cuisson : elles doivent être légèrement dorées. Laissez refroidir à température ambiante.

< CHIPS DE PATATE DOUCE

< **CHIPS DE CHOU KALE**

CHIPS DE COURGETTE

1 grosse **courgette**
2 c. à s. d'**huile d'olive**
¼ de c. à c. de **sel**
½ c. à c. de **poivre**
½ c. à c. d'**ail semoule**

1 Préchauffez le four à 200 °C. Chemisez une plaque de four de papier sulfurisé.

2 Coupez la courgette en rondelles de 3 à 6 mm d'épaisseur. Disposez-les sur la plaque, en les espaçant. Badigeonnez-les d'huile d'olive, saupoudrez de sel, de poivre et d'ail. Retournez-les et répétez l'opération de l'autre côté.

3 Enfournez 25 à 30 minutes, en les retournant à mi-cuisson. Laissez refroidir à température ambiante. Elles deviendront plus croustillantes en refroidissant.

CHIPS DE PATATE DOUCE

1 grosse **patate douce** ou **igname**
4 c. à s. d'**huile d'olive**
½ c. à c. de **sel**
½ c. à c. de **poivre**
1 c. à c. de **thym** séché

1 Préchauffez le four à 200 °C. Chemisez une plaque de four de papier sulfurisé.

2 Coupez la patate douce en rondelles de 3 à 6 mm d'épaisseur. Dans un bol, remuez-les dans l'huile d'olive de façon à bien les enduire. Ajoutez le sel, le poivre et le thym, mélangez. Disposez-les sur la plaque sans les chevaucher.

3 Enfournez 25 à 35 minutes, en les retournant à mi-cuisson. Laissez-les refroidir à température ambiante.

< **CHIPS DE POMME**

Bowl veggie 2 façons

Choisir le menu veggie peut sembler triste, mais avec des légumes colorés et croquants, et des sauces au top, on en oublie qu'il n'y a pas de viande.

QUINOA AUX LÉGUMES RÔTIS, SAUCE SOJA AU SIROP D'ÉRABLE

POUR 2 PERSONNES

2 **carottes** coupées en morceaux

1 **brocoli** détaillé en bouquets

1 **poivron rouge** grossièrement haché

½ **chou rouge** émincé

Huile d'olive

Sel et **poivre**

Ail semoule

Oignon semoule

400 g de **quinoa** cuit

SAUCE SOJA AU SIROP D'ÉRABLE

60 ml de **sauce soja**

2 c. à s. de **sirop d'érable**

1 c. à c. de **gingembre** frais, haché

1 c. à c. d'**ail** haché

Poivre noir

1 Préchauffez le four à 220 °C. Chemisez une plaque de four de papier sulfurisé.

2 Mettez les légumes sur la plaque et assaisonnez-les avec l'huile d'olive, du sel, du poivre, de l'ail et de l'oignon. Enfournez 15 à 20 minutes.

3 Répartissez le quinoa dans 2 boîtes de conservation en verre, puis ajoutez ies légumes rôtis.

4 Mélangez les ingrédients de la sauce. Répartissez la sauce dans 2 petits récipients en verre. Vous pouvez conserver le quinoa aux légumes et la sauce 4 jours au réfrigérateur.

5 Avant de servir, faites chauffer les récipients de sauce 1 minute au micro-ondes. Versez la sauce dans les 2 boîtes de quinoa et mélangez.

RIZ COMPLET AUX POIS CHICHES ET LÉGUMES RÔTIS, SAUCE CORIANDRE ET CITRON VERT

POUR 2 PERSONNES

1 **patate douce** pelée et coupée en petits morceaux

225 g de **choux de Bruxelles** parés et coupés en deux

1 **poivron jaune** grossièrement haché

½ **oignon rouge** grossièrement haché

485 g de **pois chiches** en conserve, rincés et égouttés

Huile d'olive

Sel et **poivre**

Paprika

350 g de **riz complet** cuit

SAUCE À LA CORIANDRE ET AU CITRON VERT

70 g de **yaourt grec**

2 c. à s. de **jus de citron vert**

1 c. à s. de **coriandre** ciselée

Sel et **poivre**

1. Préchauffez le four à 220 °C. Chemisez une plaque de four de papier sulfurisé.
2. Mettez les légumes et les pois chiches sur la plaque et assaisonnez-les avec de l'huile d'olive, du sel, du poivre et du paprika. Enfournez 15 à 20 minutes.
3. Répartissez le riz cuit dans 2 boîtes de conservation en verre. Complétez avec les légumes et les pois chiches rôtis.
4. Mélangez les ingrédients de la sauce. Répartissez-la dans 2 petits récipients en verre. Vous pouvez conserver le riz aux légumes et la sauce 4 jours au réfrigérateur.
5. Avant de servir, faites chauffer les récipients de sauce 1 minute au micro-ondes. Versez la sauce sur le riz aux légumes et mélangez.

< RIZ COMPLET AUX POIS CHICHES ET LÉGUMES RÔTIS, SAUCE CORIANDRE ET CITRON VERT

< QUINOA AUX LÉGUMES RÔTIS, SAUCE SOJA AU SIROP D'ÉRABLE

Spaghettis boulette veggie

POUR 4 À 6 PERSONNES

4 **courgettes**

1 c. à s. de **sel**

1 gros **œuf**

240 g de **ricotta**

100 g de **chapelure**

1 c. à s. d'**assaisonnement italien** (au rayon épices)

3 c. à s. de **basilic** ciselé

3 c. à s. de **persil** ciselé

1 c. à c. de **poivre noir**

2 c. à s. d'**huile d'olive**

2 gousses d'**ail** hachées

POUR SERVIR

Pâtes cuites

Sauce marinara (sauce tomate à l'ail et aux herbes)

Vous ne regretterez pas l'absence de viande dans ces boulettes aux herbes nourrissantes et savoureuses. La courgette est un aliment qui pourrait bien vous faire devenir végétarien. N'oubliez pas de les faire dégorger après les avoir salées. C'est une étape importante permettant d'obtenir des boulettes fermes et appétissantes. Sans cela, elles se transformeraient en bouillie aqueuse.

1 Coupez les extrémités des courgettes. Râpez-les avec une râpe à fromage ou à légumes dans un grand bol. Salez, puis remuez et laissez dégorger 20 minutes dans une passoire dans l'évier.

2 Préchauffez le four à 190 °C.

3 Avec un torchon, essorez les courgettes râpées. Transvasez-les dans un bol sec et ajoutez le reste des ingrédients. Mélangez, puis façonnez des boulettes avec cette préparation.

4 Enfournez 30 à 40 minutes jusqu'à ce que les boulettes soient dorées, en les retournant à mi-cuisson. Servez-les sur des pâtes à la sauce marinara.

Falafels

POUR 4 À 6 PERSONNES

950 g de **pois chiches** en conserve, rincés et égouttés

1 **oignon rouge** haché

4 c. à s. de **persil** frais

4 gousses d'**ail** épluchées

1 c. à s. de **jus de citron** frais

2 c. à c. de **cumin**

1 c. à c. de **sel**

1 c. à c. de **poivre noir**

½ c. à c. de **piment rouge séché** en flocons

100 g de **chapelure**

Huile pour la friture

POUR SERVIR

Pain pita

Rondelles de **tomate**

Concombre coupé en petits dés

Tahini

Difficile de trouver sandwich plus croustillant. C'est délicieux ! À condition d'aimer le cumin, bien sûr ! La chapelure est un ingrédient essentiel pour donner aux falafels leur texture croustillante. Servez ces derniers dans un pain pita avec de la salade fraîche ou simplement avec des tomates et des concombres pour un lunch pauvre en glucides.

1. Mettez les pois chiches, l'oignon, le persil, l'ail, le jus de citron, le cumin, le sel, le poivre et le piment séché dans le bol d'un robot d'une contenance de 2 litres. Mixez pour obtenir une pâte humide sans la réduire en purée.
2. Transvasez cette préparation aux pois chiches dans un grand saladier et incorporez la chapelure. Couvrez avec du film alimentaire et placez au moins 1 à 2 heures au réfrigérateur.
3. Façonnez 18 à 20 boulettes de 2,5 cm de diamètre.
4. Faites chauffer environ 2,5 cm d'huile à 180 °C dans une grande poêle profonde. Faites frire 6 falafels à la fois pendant 3 minutes, en les retournant à mi-cuisson. Quand ils sont dorés et croustillants, transvasez-les sur un plat tapissé de papier absorbant et salez-les.
5. Servez-les comme vous le souhaitez : dans un sandwich avec de la salade tomate-concombre, ou sur un lit de salade verte avec du tahini.

1

2

3

4

5

6

Soupe au brocoli et au cheddar

POUR 4 PERSONNES

2 têtes de **brocoli**

55 g de **beurre**

½ **oignon** coupé en dés

35 g de **farine**

500 ml de **crème liquide** à 12 % de matières grasses

500 ml de **bouillon de légumes**

75 g de **carottes** râpées

2 c. à c. de **sel**

1 c. à c. de **poivre noir**

¼ de c. à c. de **noix de muscade**

240 g de **cheddar** râpé

C'est une soupe que tout le monde aime. L'ajout de carottes râpées rend cette version un peu différente car elles lui donnent un goût sucré. Vous pouvez remplacer la crème légère par du lait entier si vous préférez que cette soupe soit plus liquide. Si vous manquez de temps, n'hésitez pas à prendre 450 g de fleurettes de brocoli surgelées en sachet, mais n'oubliez pas de les essuyer après les avoir décongelées.

1 Détachez les gros bouquets de brocoli et taillez-les en petites fleurettes.

2 Dans une grande casserole posée sur feu moyen, faites revenir l'oignon dans le beurre jusqu'à ce qu'il soit transparent. Ajoutez la farine et remuez jusqu'à ce que le mélange soit légèrement doré. Incorporez la crème liquide et mélangez jusqu'à ce que la soupe commence à frémir. Baissez le feu sur moyen et versez le bouillon de légumes dans la casserole. Laissez mijoter 5 à 10 minutes.

3 Incorporez le brocoli, les carottes, le sel, le poivre et la noix de muscade. Laissez mijoter 10 à 15 minutes. Ajoutez le fromage et remuez jusqu'à ce qu'il soit fondu et bien incorporé à la soupe.

Mac'n' cheese vegan

POUR 4 PERSONNES

2 **pommes de terre** pelées et coupées en dés

1 **carotte** épluchée et coupée en morceaux de 2,5 cm

1 **oignon** coupé en quatre

75 g de **noix de cajou**

1 c. à c. de **sel**

1 c. à c. d'**ail semoule**

1 c. à c. d'**oignon semoule**

2 c. à s. de **levure maltée**

450 g de **macaronis** cuits

Paprika

Si vous n'êtes pas certain que des noix de cajou puissent remplacer du fromage, cette recette vous prouvera le contraire. Faites mijoter les légumes jusqu'à ce qu'ils soient tendres, puis mixez-les avec les noix de cajou pour obtenir une sauce aussi onctueuse que celle à base de cheddar et de crème. N'oubliez pas de bien la saler. C'est essentiel !

1 Mettez les légumes dans une grande cocotte ou dans une marmite en fonte remplie d'eau bouillante salée. Couvrez et faites cuire 10 minutes jusqu'à ce que les pommes de terre soient tendres. Retirez les légumes et réservez 500 ml de liquide de cuisson.

2 Placez les légumes, les noix de cajou, le sel, l'ail, l'oignon et la levure maltée dans un mixeur avec la moitié du liquide de cuisson réservé. Mixez, en ajoutant quelques cuillerées de liquide à la fois, jusqu'à l'obtention de la consistance souhaitée. Versez cette purée de légumes sur les macaronis et mélangez. Saupoudrez de paprika et servez.

Chou-fleur pané à la sauce buffalo

POUR 4 PERSONNES

115 g de **farine**

1 c. à c. de **paprika**

2 c. à c. d'**ail semoule**

1 c. à c. de **sel**

½ c. à c. de **poivre noir**

190 ml de **lait**
ou d'un substitut

1 **chou-fleur**

65 g de **sauce buffalo**
ou autre sauce piquante

2 c. à s. d'**huile de coco**
ou autre huile végétale

1 c. à s. de **miel**

Cuit au four plutôt que frit, ce plat de chou-fleur est incroyablement diététique. Mais ne vous inquiétez pas, il reste extrêmement savoureux et nourrissant.

1. Préchauffez le four à 230 °C. Chemisez une plaque de four de papier sulfurisé.
2. Mélangez la farine, le paprika, l'ail semoule, le sel, le poivre et le lait dans un grand saladier jusqu'à l'obtention d'une pâte.
3. Détaillez le chou-fleur en fleurettes de 4 cm. Mettez-les dans la pâte de façon à bien les enduire. Disposez-les sur la plaque de four. Enfournez 20 minutes, en les retournant à mi-cuisson.
4. Mélangez la sauce buffalo avec l'huile et le miel. Badigeonnez-en les fleurettes et poursuivez la cuisson 20 minutes de plus.

Ratatouille au four

POUR 8 PERSONNES

LÉGUMES

2 **aubergines**

6 **tomates roma**

2 **courgettes jaunes**

2 **courgettes**

SAUCE

2 c. à s. d'**huile d'olive**

1 **oignon** coupé en dés

4 gousses d'**ail** hachées

1 **poivron rouge** coupé en dés

1 **poivron jaune** coupé en dés

Sel et **poivre**

875 g de **tomates** concassées

2 c. à s. de **basilic** ciselé (8 à 10 feuilles)

ASSAISONNEMENT AUX HERBES

2 c. à s. de **basilic** ciselé (8 à 10 feuilles)

1 c. à c. d'**ail** haché

2 c. à s. de **persil** ciselé

2 c. à c. de **thym** frais

Sel et **poivre**

4 c. à s. d'**huile d'olive**

Cette recette possède un atout de taille. Vous n'avez pas besoin de surveiller votre casserole. Il vous suffira de disposer les légumes, de les couvrir et de les faire cuire au four.

1. Préchauffez le four à 190 °C.
2. Coupez les aubergines, les tomates et les courgettes en rondelles de 5 mm d'épaisseur.
3. Faites chauffer 2 cuillerées à soupe d'huile d'olive dans une poêle en fonte de 30 cm de diamètre. Faites revenir l'oignon, l'ail et les poivrons jusqu'à ce qu'ils soient tendres. Salez et poivrez, puis ajoutez les tomates concassées. Mélangez. Éteignez le feu et ajoutez le basilic. Remuez encore une fois, puis lissez la surface de la sauce avec une spatule.
4. Disposez les rondelles de légumes sur la sauce en cercles concentriques, en partant des bords et en les alternant. Salez et poivrez. Couvrez la poêle avec une feuille de papier d'aluminium et enfournez 40 minutes. Retirez le papier d'aluminium et poursuivez la cuisson 20 minutes jusqu'à ce que les légumes soient tendres.
5. Mélangez les ingrédients de l'assaisonnement aux herbes et versez-les sur la ratatouille cuite.
6. Servez cette ratatouille chaude comme plat principal ou en guise d'accompagnement. Elle sera également excellente le lendemain. Couvrez-la avec une feuille de papier d'aluminium et réchauffez dans un four à 180 °C pendant 15 minutes ou au micro-ondes.

1
2
3
4
5
6

Salade de nouilles au beurre de cacahuète

POUR 8 PERSONNES

125 g de **beurre de cacahuète** crémeux

60 ml de **sauce soja**

60 ml de **vinaigre de riz**

1 c. à s. d'**huile de sésame**

2 c. à s. de **sauce sriracha**

1 c. à s. de **gingembre** haché

3 gousses d'**ail** pressées

2 c. à s. de **cassonade**

Sel

1 paquet de **linguine au blé complet** ou autres pâtes

2 grosses **carottes** coupées en julienne

2 **concombres** détaillés en fins rubans avec un épluche-légumes

1 **poivron rouge** détaillé en fines lanières

1 **poivron jaune** détaillé en fines lanières

3 **ciboules** émincées

4 c. à s. de **coriandre** ciselée

35 g de **cacahuètes** concassées

Le beurre de cacahuète se marie très bien avec ce classique chinois. La sauce sucrée, épicée et salée est un délice. Elle donne aux nouilles et aux légumes croquants une saveur inoubliable.

1 Fouettez le beurre de cacahuète, la sauce soja, le vinaigre de riz, l'huile de sésame, la sauce sriracha, le gingembre, l'ail et la cassonade dans 60 ml d'eau.

2 Portez de l'eau salée à ébullition dans une grande casserole. Faites cuire les pâtes en suivant les instructions du paquet. Égouttez-les, puis passez-les sous l'eau froide pour les refroidir.

3 Mélangez-les avec les légumes tranchés. Arrosez de sauce et remuez. Couvrez et mettez au moins 1 heure au réfrigérateur. Parsemez de coriandre et de cacahuètes, puis servez.

NOS MEILLEURES RECETTES

Desserts 3 ingrédients

Si vous savez compter jusqu'à trois, vous êtes capable de réaliser chacun de ces desserts exceptionnels.

S'MORES DIP

POUR 4 PERSONNES

450 g de **pépites de chocolat** ou de **barres chocolatées** cassées en morceaux

450 g de gros **marshmallows**

16 **biscuits croquants**

1 Préchauffez le four à 180 °C.

2 Répartissez le chocolat dans un poêlon ou un grand plat allant au four. Disposez les marshmallows dessus en une seule couche. Enfournez 20 minutes jusqu'à ce que les marshmallows soient dorés. Dipez avec les biscuits.

BROWNIES 3 COUCHES

POUR 4 PERSONNES

½ sachet de **préparation pour pâte à cookie**, préparée selon le mode d'emploi

16 **biscuits Oreo®**

½ sachet de **préparation pour pâte à brownie**, préparée selon le mode d'emploi

1 Préchauffez le four à 180 °C.

2 Versez la pâte à cookie en une couche uniforme dans un moule carré de 23 cm de côté. Disposez les biscuits au chocolat dessus en une seule couche. Recouvrez de pâte à brownie. Enfournez 45 à 50 minutes. Enfoncez la lame d'un couteau : elle doit ressortir propre. Laissez refroidir, découpez en carrés et servez.

PALMIERS

POUR 4 PERSONNES

1 **pâte feuilletée** rectangulaire

4 c. à s. de **beurre** fondu

220 g de **sucre de canne**

1 Étalez la pâte et badigeonnez-la de beurre fondu avec un pinceau. Saupoudrez de la moitié du sucre. À l'aide d'un rouleau à pâtisserie, faites pénétrer le sucre dans la pâte. Retournez la pâte, badigeonnez-la de beurre, puis saupoudrez le reste de sucre et faites-le pénétrer dans la pâte.

2 Roulez un bord long du rectangle jusqu'au milieu en serrant bien, puis faites de même avec le bord opposé afin que les deux bords roulés se rejoignent au centre. Ils doivent avoir la même taille. Enveloppez dans un film alimentaire et mettez 30 minutes au réfrigérateur.

3 Préchauffez le four à 220 °C.

4 Retirez le film alimentaire et placez un des roulés sur l'autre. Coupez les extrémités pour les égaliser, puis découpez les roulés superposés en tranches de 1 cm d'épaisseur. Elles doivent avoir la forme d'un cœur. Déposez-les sur une plaque de cuisson chemisée de papier sulfurisé, en les espaçant de 5 cm (les palmiers vont gonfler pendant la cuisson). Enfournez 15 minutes, en retournant les palmiers à mi-cuisson.

TRUFFES AUX BISCUITS ET À LA CRÈME

POUR 6 PERSONNES

36 **biscuits Oreo®**

250 g de **cream cheese** ramolli

350 g de **chocolat blanc** fondu

1 Mixez les biscuits finement. Réservez-en 2 cuillerées à soupe pour en saupoudrer les truffes. Mélangez le reste avec le cream cheese jusqu'à l'obtention d'un mélange homogène. Placez 1 heure au réfrigérateur : le mélange doit être assez ferme pour être roulé en boules.

2 Divisez la pâte et façonnez des boules de la taille d'une balle de golf. Trempez une truffe dans le chocolat blanc fondu et déposez-la sur une plaque à pâtisserie recouverte de papier sulfurisé. Saupoudrez de miettes de biscuits avant que le chocolat ne durcisse. Répétez l'opération avec le reste de truffes ; réchauffez le chocolat, si nécessaire.

< S'MORES DIP

TRUFFES
AUX BISCUITS
ET À LA CRÈME >

BROWNIES 3 COUCHES

PALMIERS

Cookies tout doux

POUR 24 COOKIES

BISCUITS

525 g de **farine**

1 ½ c. à c. de **levure chimique**

¼ de c. à c. de **sel**

225 g de **beurre doux** ramolli

165 g de **sucre**

1 **œuf**

120 ml de **crème fraîche**

1 c. à c. d'**extrait de vanille**

GLAÇAGE

110 g de **beurre doux** ramolli

320 g de **sucre glace**

2 c. à s. de **lait**

C'est tellement bon de réaliser ses cookies soi-même. Leur glaçage blanc et brillant est facile à faire.

1 Préchauffez le four à 150 °C. Chemisez une plaque de cuisson de papier sulfurisé.

2 Mélangez la farine, la levure et le sel.

3 Battez le beurre et le sucre 5 minutes au batteur électrique jusqu'à obtenir un mélange aérien et mousseux. Ajoutez l'œuf et battez pour l'incorporer. Ajoutez la crème et la vanille, et continuez de battre jusqu'à ce que le mélange soit crémeux. Incorporez la farine, en 3 fois.

4 Farinez légèrement un plan de travail et posez la pâte dessus. Aplatissez-la pour lui donner la forme d'un disque et enveloppez-la avec du film alimentaire. Mettez 1 heure au réfrigérateur.

5 Retirez le film et éparpillez un peu de farine sur le plan de travail. Abaissez la pâte sur 1 cm d'épaisseur. Découpez des disques à l'aide d'un verre ou d'un emporte-pièce.

6 Disposez-les sur la plaque de cuisson en les espaçant de 2,5 cm. Enfournez 8 minutes jusqu'à ce que le dessous des cookies soit doré et le dessus encore blanc. Laissez-les refroidir sur une grille en métal.

7 Préparez le glaçage. Battez le beurre jusqu'à ce qu'il soit mousseux. Ajoutez le sucre glace tamisé et battez pour l'incorporer. Ajoutez le lait et continuez de battre jusqu'à l'obtention d'un mélange lisse et onctueux. Glacez les biscuits et décorez-les à votre guise.

Brownie ultra moelleux

POUR 9 BROWNIES

250 g de **chocolat** de bonne qualité

185 g de **beurre** fondu

275 g de **sucre**

2 **œufs**

2 c. à c. d'**extrait de vanille**

115 g de **farine**

25 g de **cacao en poudre**

1 c. à c. de **sel**

Il est toujours difficile de dire d'une recette que c'est la meilleure de toutes. Ce brownie est néanmoins vraiment parfait. Le secret : ne pas abuser de la farine et ne pas lésiner sur le chocolat. À propos de ce dernier, choisissez-en un de bonne qualité. Ce gâteau le mérite.

1. Préchauffez le four à 180 °C. Chemisez de papier sulfurisé un moule carré de 20 cm de côté.
2. Cassez le chocolat en gros morceaux. Faites-en fondre la moitié au micro-ondes par intervalles de 20 secondes. Réservez l'autre moitié.
3. Fouettez le beurre et le sucre dans un grand saladier, puis ajoutez les œufs et la vanille en battant 1 à 2 minutes jusqu'à l'obtention d'un mélange aérien et légèrement coloré. Incorporez, sans cesser de fouetter, le chocolat fondu (il ne doit pas être trop chaud pour ne pas faire cuire les œufs), puis ajoutez la farine, le cacao et le sel en les tamisant. Ne mélangez pas trop, sinon le brownie ne sera pas assez fondant. Ajoutez les morceaux de chocolat, puis versez la pâte dans le moule.
4. Enfournez 20 à 25 minutes, selon la consistance souhaitée, puis laissez refroidir complètement. Coupez en carrés et servez avec un verre de lait froid.

Tartines à l'ail et au fromage

POUR 4 PERSONNES

40 g de **beurre** ramolli

3 c. à s. de **persil** ciselé

3 c. à s. de **ciboule** émincée

3 c. à s. d'**origan** frais, ciselé

5 gousses d'**ail** hachées

60 g de **cheddar** râpé

50 g de **mozzarella** fraîche, hachée

40 g de **parmesan** râpé

½ **baguette**

Il est vraiment difficile de résister à cette recette ! Trois types de fromage sont utilisés pour confectionner la garniture aux herbes que l'on étale sur les moitiés de baguette. Il ne reste qu'à mettre le tout au four jusqu'à ce que des bulles se forment pour obtenir les tartines à l'ail et au fromage les plus délicieuses qui soient.

1 Préchauffez le four à 200 °C. Tapissez une plaque de cuisson de papier sulfurisé.

2 Mélangez le beurre, les herbes, l'ail et les fromages dans un bol jusqu'à obtenir une préparation lisse.

3 Coupez la baguette en deux dans la longueur, puis étalez la préparation sur les surfaces coupées (s'il vous reste de la garniture, gardez-la au réfrigérateur). Placez les tartines sur la plaque de cuisson préparée et enfournez 15 minutes jusqu'à ce que des bulles se forment et que le fromage soit doré. Tranchez, laissez tiédir, puis servez !

Cookies moelleux aux pépites de chocolat

POUR 8 À 12 COOKIES

110 g de **sucre**

165 g de **cassonade**

1 c. à c. de **sel**

115 g de **beurre** fondu

1 **œuf**

1 c. à c. d'**extrait de vanille**

185 g de **farine**

½ c. à c. de **levure chimique**

110 g de **pépites chunks de chocolat au lait**

110 g de **pépites chunks de chocolat noir**

Préférez-vous ce qui est croustillant ou fondant ? Quelles que soient vos préférences, vous adorerez ces cookies moelleux dès la première bouchée. L'ajout de beurre fondu leur donne leur texture moelleuse et leur forme légèrement aplatie. Ne lésinez pas sur la cassonade, mais ne malaxez pas trop la pâte et ne la faites pas trop cuire.

1 Mélangez le sucre, la cassonade, le sel et le beurre jusqu'à l'obtention d'une pâte sans grumeaux. Incorporez l'œuf et la vanille. Continuez de fouetter jusqu'à ce que le mélange fasse le ruban quand vous soulevez le fouet. Tamisez la farine et la levure dans la préparation, et incorporez-les avec une spatule. Incorporez les pépites de chocolat, en les répartissant bien, puis placez la pâte au moins 30 minutes au réfrigérateur. Pour qu'elle prenne plus le goût de caramel et qu'elle soit plus foncée, laissez-la toute une nuit. Plus elle reposera au réfrigérateur, plus elle aura une saveur complexe.

2 Préchauffez le four à 180 °C. Chemisez une plaque de cuisson de papier sulfurisé.

3 Déposez des cuillerées de pâte sur la plaque à l'aide d'une cuillère à glace, en les espaçant d'au moins 10 cm et en laissant une bordure de 5 cm : les cookies vont s'étaler pendant la cuisson.

4 Enfournez 12 à 15 minutes jusqu'à ce que les bords commencent à brunir. Laissez les cookies refroidir complètement puis dégustez !

Crèmes glacées 2 façons

La crème épaisse et le chocolat noir sont les points communs de ces deux recettes. Les jaunes d'œufs rendent l'une des glaces plus dense et plus riche que l'autre, mais toutes deux valent largement celles d'un glacier.

CRÈME GLACÉE AU CHOCOLAT 3 INGRÉDIENTS

POUR 6 PERSONNES

315 g de **chocolat noir à 60 % de cacao**, fondu

440 ml de **lait concentré sucré**

500 ml de **crème épaisse**

1 Placez un grand bol en verre ou en inox au moins 15 minutes au congélateur.

2 Dans un bol allant au micro-ondes, mélangez le chocolat et le lait concentré. Faites chauffer au micro-ondes par intervalles de 30 secondes jusqu'à ce que le chocolat ait fondu. Laissez légèrement refroidir.

3 Retirez le bol du congélateur et versez-y la crème épaisse. Fouettez au batteur électrique jusqu'à ce que des pics fermes se forment. Incorporez 1 grosse cuillerée de cette crème fouettée dans le chocolat au lait concentré. Puis versez le chocolat au lait concentré dans le reste de crème fouettée. Ne remuez pas trop car la crème fouettée doit rester aérienne.

4 Versez dans un moule carré de 23 cm de côté. Couvrez et laissez prendre 4 heures au congélateur.

CRÈME GLACÉE PARFAITE AU CHOCOLAT

POUR 10 PERSONNES

500 ml de **crème épaisse**

375 ml de **lait entier**

165 g de **sucre**

25 g de **cacao en poudre**

¼ de c. à c. de **sel**

7 **jaunes d'œufs**

315 g de **chocolat noir à 60 % de cacao**, fondu et légèrement refroidi

ÉQUIPEMENT

Sorbetière

1 Faites chauffer la crème, le lait, 110 g de sucre, le cacao et le sel dans une casserole à feu moyen, en remuant de temps à autre, jusqu'à ce que le sucre soit dissous et que le mélange soit chaud et fumant (mais pas frémissant). Sa température doit être comprise entre 80 °C et 82 °C. Retirez du feu.

2 Fouettez le reste de sucre avec les jaunes d'œufs. Incorporez le chocolat fondu : la préparation doit être lisse.

3 Ajoutez environ 125 ml de mélange à base de lait à la préparation au chocolat. Fouettez jusqu'à l'obtention d'une préparation lisse. Remettez dans la casserole contenant le mélange à base de lait et faites chauffer 5 à 10 minutes à feu doux-moyen, sans cesser de remuer, jusqu'à ce que le mélange épaississe et commence à fumer, ou atteigne une température comprise entre 80 à 85 °C sur un thermomètre à lecture instantanée. Ne laissez pas bouillir.

4 Retirez du feu et versez la crème à travers une passoire fine dans un grand saladier. Laissez la crème anglaise refroidir légèrement, puis couvrez-la de film alimentaire et placez-la au moins 4 heures au réfrigérateur.

5 Versez la crème dans une sorbetière et faites prendre la glace en suivant les instructions du fabricant. Servez immédiatement. Vous pouvez aussi verser la crème dans un moule de 23 cm de côté et la laisser prendre au congélateur, à couvert.

1
2
3
4
5
6

CRÈME GLACÉE
PARFAITE
AU CHOCOLAT

CUISINE DU MONDE

Raviolis 3 farces

POUR 24 À 32 RAVIOLIS

Il est facile et bon marché de préparer la pâte de ces raviolis. De plus, vous aurez l'impression d'être un pro de la cuisine. Ces trois suggestions de farce (aux légumes, au porc et aux crevettes) vous serviront au début. Une fois que vous maîtriserez parfaitement la confection de la pâte, vous improviserez à votre guise.

600 g de **farine**

2 c. à c. de **sel**

315 ml d'**eau chaude**

160 g de **chou rouge**

160 g de **ciboules** émincées

6 gousses d'**ail** hachées

4 c. à s. de **gingembre** haché

2 c. à s. de **sauce soja**

2 c. à s. d'**huile de sésame**

225 g de **porc** haché

½ c. à c. de **poivre noir**

55 g de **champignons** coupés en petits dés

55 g de **carottes** coupées en petits dés

225 g de **crevettes** décortiquées et déveinées

60 ml d'**huile végétale**

SAUCE

60 ml de **sauce soja**

60 ml de **vinaigre de riz**

1 c. à c. d'**huile de sésame**

1 c. à c. de **piment rouge** séché en flocons

1 Mélangez la farine et 1 cuillerée à café de sel dans l'eau chaude. Pétrissez la pâte sur un plan de travail fariné jusqu'à ce qu'elle soit lisse. Divisez-la en 4 portions.

2 Formez un boudin fin avec le premier pâton et coupez-le en 6 ou en 8 morceaux. Farinez légèrement les morceaux et abaissez-les pour obtenir des disques fins de 10 cm de diamètre. Pour qu'ils ne soient pas collés les uns aux autres, séparez-les avec des morceaux de papier sulfurisé. Répétez cette opération avec le reste de pâte.

< CREVETTE

3 Mélangez le chou, les ciboules, l'ail, le gingembre, la sauce soja et l'huile de sésame. Divisez cette préparation en trois.

4 Pour la farce au porc, mélangez le porc haché avec 1 cuillerée à café de sel restante, le poivre et un tiers de la préparation au chou.

5 Pour la farce aux légumes, mélangez les champignons et les carottes, puis passez-les au micro-ondes 3 minutes pour les ramollir. Ajoutez le deuxième tiers de la préparation au chou et mélangez.

6 Pour la farce aux crevettes, mélangez les crevettes avec le reste de préparation au chou.

7 Déposez 1 grosse cuillerée à soupe de farce au centre d'un disque de pâte. Humidifiez légèrement avec un doigt le bord de la moitié du disque. Repliez la moitié humidifiée pour recouvrir la farce et pressez les bords avec une fourchette pour souder. Répétez l'opération avec le reste de farce et de disques de pâte.

8 Faites chauffer l'huile dans une grande poêle à feu moyen-vif et faites griller les raviolis en plusieurs fois, par petites quantités. Quand le dessous commence à dorer, ajoutez un filet d'eau et couvrez. Laissez cuire 5 minutes à la vapeur jusqu'à ce que l'eau se soit évaporée. Égouttez les raviolis sur du papier absorbant.

9 Mélangez les ingrédients de la sauce. Servez les raviolis avec la sauce.

Dutch baby pancake

POUR 6 PANCAKES

3 **œufs**

1 ½ c. à s. de **sucre**

1 pincée de **sel**

190 ml de **lait** chaud

2 c. à c. d'**extrait de vanille**

115 g de **farine**

3 c. à s. de **beurre**, dont 1 de beurre fondu

Sucre glace

Fraises coupées en morceaux

Ce pancake allemand gonfle tout seul comme par magie ! À la fois onctueux, aérien et croustillant, il ressemble à un chausson géant. Versez la pâte dans le beurre chaud et mousseux, laissez-la gonfler au four, puis décorez avec des fruits et saupoudrez de sucre glace.

1 Préchauffez le four à 200 °C.

2 Mixez les œufs, le sucre, le sel, le lait chaud, la vanille, la farine et 1 cuillerée à soupe de beurre fondu jusqu'à l'obtention d'une pâte lisse.

3 Faites chauffer une sauteuse allant au four pendant 3 à 4 minutes à feu moyen-vif. Faites-y fondre les 2 autres cuillerées à soupe de beurre. Versez la pâte dedans, enfournez 25 à 30 minutes. Le pancake sera prêt quand il aura une jolie couleur ambrée et que ses bords auront bien gonflé. Retirez-le délicatement de la sauteuse et laissez-le refroidir un peu sur une grille en métal.

4 Servez chaud, saupoudré de sucre glace et garni de fraises.

Bœuf à la coréenne (bulgogi)

POUR 2 PERSONNES

680 g de **faux-filet** tendre et persillé

1 **oignon**, une moitié coupée en morceaux, l'autre émincée

3 gousses d'**ail**

½ **poire** pelée et détaillée en morceaux

3 **ciboules** dont 1 en morceaux et 2 coupées en rondelles de 6 mm

3 c. à s. de **cassonade**

1 c. à c. de **poivre noir**

80 ml de **sauce soja**

3 c. à s. d'**huile de sésame**

1 c. à s. d'**huile de colza**

1 c. à c. de **graines de sésame**

Riz

Assortiment de petits plats coréens (banchan)

Le terme « bulgogi » aurait pu signifier « délice » en coréen ! La poire est un ingrédient traditionnel de cette marinade aigre-douce qui imprègne à la vitesse de l'éclair la viande de sa saveur unique. Il suffit de faire sauter rapidement ce plat pour qu'il soit bien caramélisé. Servez-le avec du riz et, si vous avez accès à un restaurant ou à un marché coréen, un assortiment de légumes marinés ou de salades appelé « banchan ».

1. Tranchez la viande aussi finement que possible, puis placez-la dans un grand saladier. Vous la trancherez plus facilement si elle est un peu congelée ou froide.
2. Mixez les morceaux d'oignon, l'ail, la poire, les morceaux de ciboule, la cassonade, le poivre, la sauce soja et l'huile de sésame jusqu'à l'obtention d'une marinade lisse. Versez sur les tranches de bœuf, puis ajoutez l'oignon émincé. Mélangez. Couvrez avec du film alimentaire et laissez mariner au moins 30 minutes au réfrigérateur.
3. Faites chauffer l'huile de colza à feu vif dans une sauteuse. Essuyez la viande.
4. Faites dorer la viande marinée aux oignons, par petites quantités. Parsemez de rondelles de ciboule et de graines de sésame. Servez avec du riz et des accompagnements.

Poulet tikka masala

POUR 4 À 6 PERSONNES

MARINADE

3 **blancs de poulet**

140 g de **yaourt** nature

Le **jus** de 1 **citron**

6 gousses d'**ail** hachées

1 c. à s. de **gingembre** haché

2 c. à c. de **sel**

2 c. à c. de **cumin** moulu

2 c. à c. de **garam masala**

2 c. à c. de **paprika**

SAUCE

3 c. à s. d'**huile**

1 gros **oignon** haché

2 c. à s. de **gingembre** haché

8 gousses d'**ail** hachées

2 c. à c. de **cumin** moulu

2 c. à c. de **curcuma** moulu

2 c. à c. de **coriandre** moulue

2 c. à c. de **paprika**

2 c. à c. de **piment** moulu

2 c. à c. de **garam masala**

1 c. à s. de **concentré de tomates**

875 g de **sauce tomate**

250 ml de **crème épaisse**

Coriandre ciselée

Brochettes en bambou

Quand vous aurez découvert avec quelle facilité se prépare ce plat, vous n'achèterez plus de plats indiens préparés dans votre supermarché. Servez avec du riz et un naan en accompagnement.

1 Préchauffez le four à 260 °C. Chemisez un plat à rôtir ou un plat de cuisson à bords hauts de papier sulfurisé.

2 Découpez le poulet en petits morceaux. Mélangez-les avec le yaourt, le jus de citron, l'ail, le gingembre, le sel, le cumin, le garam masala et le paprika.

3 Couvrez et placez au moins 1 heure au réfrigérateur.

4 Enfilez les morceaux de poulet marinés sur les piques en bambou ou en bois. Placez-les au-dessus du plat de cuisson préparé. Il doit y avoir assez d'espace sous les brochettes pour permettre une circulation régulière de la chaleur. Enfournez 15 minutes jusqu'à ce que les bords des morceaux brunissent légèrement.

5 Préparez la sauce. Faites chauffer l'huile dans une grande casserole à feu moyen, puis faites revenir l'oignon, le gingembre et l'ail pour les attendrir sans les laisser dorer. Ajoutez le cumin, le curcuma, la coriandre, le paprika, le piment en poudre et le garam masala, puis remuez 30 secondes sans interruption. Incorporez le concentré de tomates, la sauce tomate et 310 ml d'eau. Portez à ébullition et laissez cuire 5 minutes. Incorporez la crème.

6 Retirez les morceaux de poulet des brochettes et ajoutez-les dans la sauce, poursuivez la cuisson 1 à 2 minutes de plus. Servez, garni de feuilles de coriandre ciselées.

Ananas au poulet

POUR 2 PERSONNES

1 gros **ananas**

2 c. à s. d'**huile d'arachide** ou autre huile végétale

3 **blancs de poulet**, coupés en petits morceaux

Sel et **poivre**

1 c. à s. de **sauce hoisin**

1 c. à s. de **sauce soja**

1 c. à s. de **cassonade**

1 c. à s. de **pâte d'ail**

125 ml de **bouillon de volaille**

Riz pour servir

Graines de sésame pour servir

En fait, il s'agit d'un plat classique de soirée que l'on sert ici pour le dîner. L'ananas donne à ce poulet sa saveur tropicale et sert de récipient. Comment choisir un bon ananas ? Un ananas mûr sent l'ananas et possède une belle couleur jaune.

1 Avec un couteau tranchant, coupez l'ananas en deux dans le sens de la longueur. Avec la pointe du couteau, faites des entailles dans la pulpe le long des bords sans couper l'écorce. Quadrillez chaque moitié avec un couteau, puis retirez les cubes d'ananas. Jetez la partie dure centrale et réservez les cubes d'ananas.

2 Faites chauffer l'huile à feu moyen dans une grande sauteuse. Mettez le poulet dans l'huile, salez et poivrez. Faites-le cuire 10 minutes jusqu'à ce qu'il soit doré. Retirez-le et réservez-le.

3 Ajoutez les cubes d'ananas, la sauce hoisin, la sauce soja, la cassonade et la pâte d'ail, et faites cuire quelques minutes. Incorporez le bouillon de volaille. Portez à ébullition puis laissez mijoter, en remuant de temps à autre, jusqu'à ce que la sauce ait réduit et épaissi.

4 Remettez le poulet dans la sauteuse et remuez pour l'enduire de sauce. Garnissez-en les moitiés d'ananas évidées et ajoutez du riz et des graines de sésame.

1

2

3

4

TENDANCE

Pizzas de chou-fleur 3 façons

POUR 2 PERSONNES

Non seulement c'est la pâte à pizza fun et saine du moment mais en plus, c'est bon et croustillant.

BASE DE PIZZA AU CHOU-FLEUR

1 **chou-fleur** paré et coupé en morceaux

½ c. à c. d'**origan séché**

½ c. à c. d'**ail semoule**

¼ de c. à c. de **piment rouge** séché en flocons

½ c. à c. de **sel de mer**

20 g de copeaux de **parmesan**

1 gros **œuf**

1 Préchauffez le four à 240 °C. Chemisez une plaque de cuisson de papier sulfurisé.

2 Hachez le chou-fleur avec un robot ménager jusqu'à ce qu'il ait la consistance du riz. Placez-le dans un bol allant au micro-ondes et faites chauffer 3 minutes à puissance maximale jusqu'à ce qu'il soit fumant. Retirez-le et placez-le sur un torchon propre. Enveloppez-le dans le torchon et serrez fort pour bien l'essorer. Laissez-le refroidir juste assez pour pouvoir le manipuler. Transvasez-le dans un bol. Ajoutez l'origan, l'ail semoule, le piment séché, le sel, le parmesan et l'œuf. Mélangez.

3 Placez cette préparation sur la plaque de four et, avec les mains, façonnez un disque de 25 cm de diamètre et de 1 cm d'épaisseur. Enfournez 25 à 30 minutes jusqu'à ce que la croûte commence à dorer.

PIZZA MARGHERITA

Base de pizza au chou-fleur (recette ci-contre)

Sauce marinara (sauce tomate à l'ail et aux herbes)

Mozzarella râpée

4 feuilles de **basilic**

Piment rouge séché en flocons pour servir

1 Préchauffez le four à 240 °C.

2 Recouvrez la pizza de sauce marinara, de mozzarella et de basilic, ou d'autres ingrédients de votre choix. Enfournez 10 minutes jusqu'à ce que le fromage soit fondu. Servez avec du piment séché.

PIZZA AUX POIVRONS ET AUX ÉPINARDS

Base de pizza au chou-fleur
(recette page ci-contre)

Sauce tomate pour pizza

Mozzarella râpée

4 **tomates séchées**

1 **poivron orange** émincé

1 **poivron jaune** émincé

90 g de jeunes **pousses d'épinard**, lavées et hachées

¼ d'**oignon rouge** émincé

Parmesan râpé

1 Préchauffez le four à 240 °C.

2 Étalez une couche de sauce tomate sur la pizza, puis parsemez de mozzarella. Recouvrez avec les tomates séchées, les poivrons, les pousses d'épinard et l'oignon rouge. Enfournez 8 à 10 minutes jusqu'à ce que les épinards soient flétris et que la mozzarella ait fondu. Servez avec du parmesan râpé.

PIZZA AU POIVRON VERT, CHAMPIGNONS ET TOMATES CERISES

Base de pizza au chou-fleur
(recette ci-contre)

1 **poivron vert** tranché

6 **champignons de Paris** émincés

¼ d'**oignon rouge** émincé

10 **tomates cerises** coupées en deux

1 Préchauffez le four à 240 °C.

2 Garnissez la pizza de poivron, de champignons, d'oignon et de tomates cerises, ou de légumes de votre choix. Enfournez 10 minutes jusqu'à ce que les tomates commencent à bouillir.

< MARGHERITA

< POIVRONS ET ÉPINARDS

< POIVRON VERT, CHAMPIGNONS ET TOMATES CERISES

Sphère magique au chocolat

POUR 2 PERSONNES

250 g de **chocolat au lait** haché ou en pépites

2 parts de **brownie**

Mélange de **fruits rouges**

Glace à la vanille

250 g de **chocolat noir à 70 % de cacao** ou plus, haché

250 ml de **crème épaisse**

USTENSILE

1 **sphère transparente** de 15 cm de diamètre (en vente dans les magasins d'ustensiles de cuisine ou sur Internet)

Vous aurez besoin d'un moule spécial : une sphère qu'il est possible de remplir. La recette est sinon assez simple et le résultat, un succès assuré !

1 Faites fondre le chocolat au lait au micro-ondes par intervalles de 20 secondes. Remuez-le pour le lisser.

2 Ouvrez la sphère et huilez ses parois avec du papier absorbant. Versez le chocolat fondu dans l'une des demi-sphères. Fermez la sphère et faites-la tourner sur elle-même pour que le chocolat en recouvre les parois. Continuez ainsi à la faire tourner lentement pendant 5 minutes. Mettez-la au congélateur. Retournez-la au bout de 2 minutes. Retournez-la toutes les 2 ou 3 minutes, 2 ou 3 fois de plus, jusqu'à ce que le chocolat prenne. Laissez au moins 30 minutes au congélateur.

3 Ouvrez la sphère délicatement et retirez la boule de chocolat formée. Faites-le vite afin de ne pas la manipuler trop longtemps avec des mains chaudes. Pour plus de sûreté, remettez-la au congélateur quelques minutes après l'avoir démoulée.

4 Plongez le fond plat d'un ramequin dans de l'eau bouillante, puis essuyez-le. Posez-le bol à l'envers sur un plan de travail et posez la boule dessus.

5 Faites-la pivoter doucement de gauche à droite, puis de droite à gauche plusieurs fois, sans trop appuyer dessus, jusqu'à ce qu'une ouverture se forme. Utilisez un morceau de papier absorbant pour ne pas faire fondre le chocolat avec vos mains. Vous aurez peut-être besoin de remettre plusieurs fois le fond du bol dans l'eau bouillante car il refroidit vite. Remettez la boule au congélateur.

6 Empilez les brownies sur une grande assiette, placez des fruits rouges autour. Posez une grosse boule de glace dessus. Placez doucement la boule en chocolat

par-dessus, l'ouverture vers le bas, de façon à enfermer les brownies et la glace. Pour cacher les imperfections, disposez plus de fruits autour de la boule au chocolat.

7 Faites chauffer le chocolat noir avec la crème épaisse au micro-ondes, par intervalles de 20 secondes. Nappez la boule de cette sauce.

Cheesecake licorne

POUR 8 PERSONNES

GARNITURE

1,5 kg de **cream cheese**

220 g de **sucre**

2 c. à s. d'**extrait de vanille**

500 ml de **lait chaud**

2 c. à s. de **gélatine en poudre**

Colorants alimentaires : bleu, violet et rose

BASE

20 **petits-beurre** ou **biscuits sablés**

4 c. à s. de **beurre doux**

75 g de **sucre**

CORNES

9 petits **cornets gaufrés**

500 ml de **chocolat blanc** fondu

Petites billes en sucre

POUR DÉCORER

Petites billes en sucre

Boules en sucre

Sucette tourbillon

N'est-il pas amusant de vivre à une époque où un assortiment de colorants alimentaires est indispensable pour réaliser une pâtisserie à la mode ? Ce gâteau fait revivre l'enfant qui sommeille en nous puisqu'il faut le saupoudrer de confettis en sucre. Il s'agit d'un cheesecake tricolore décoré de cornets gaufrés et d'une myriade de boules et de billes en sucre.

1 Préparez la garniture. Battez au mixeur le cream cheese, le sucre et l'extrait de vanille. Faites chauffer le lait 2 minutes au micro-ondes, puis délayez la gélatine dedans et versez le tout dans la préparation au cream cheese.

2 Répartissez la garniture dans 3 bols. Ajoutez 1 goutte de colorant dans chaque bol. Mélangez.

3 Pour préparer la base du cheesecake, mettez les biscuits dans un sac en plastique refermable. Émiettez-les à l'aide d'un rouleau à pâtisserie. Transvasez dans un bol, ajoutez le beurre et le sucre. Mélangez. Foncez un moule à charnières graissé de 20 cm de diamètre avec cette pâte.

4 Étalez une couche de garniture bleue sur le fond du cheesecake et mettez 30 minutes au réfrigérateur. Ajoutez la garniture violette et réfrigérez encore 30 minutes. Étalez enfin une couche de garniture rose et réfrigérez 1 heure de plus.

5 Pour réaliser les cornes, trempez la base de chaque cornet gaufré dans le chocolat blanc fondu, puis saupoudrez de petites billes en sucre et laissez durcir au réfrigérateur.

6 Décorez le gâteau avec les billes en sucre, les cornets, les boules en sucre et la sucette.

Toasts à la patate douce

POUR 1 PERSONNE

1 **patate douce**

½ **avocat** de petite taille

Sel et **poivre**

Salsa de maïs pour servir

Sauce piquante pour servir

Ce substitut du pain fait partie des aliments sans gluten très appréciés. Ces toasts sont faciles à confectionner et il n'est pas nécessaire d'avoir un four spécial pour les griller, un grille-pain classique suffira. Vous aurez peut-être envie de garnir les tranches de patate douce de salsa, de guacamole ou d'une sauce au yaourt.

1 Coupez la patate douce en fines tranches d'environ 6 mm d'épaisseur. Placez-les dans un grille-pain et faites-les griller à la puissance maximale. Selon la puissance de votre grille-pain et le degré de cuisson souhaitée, vous pourrez avoir besoin de les faire griller une nouvelle fois. Retirez-les du grille-pain, puis laissez-les refroidir pour pouvoir les manipuler.

2 Écrasez l'avocat. Salez et poivrez, remuez. Tartinez chaque tranche de patate douce de cette purée, puis garnissez de salsa de maïs et nappez de sauce piquante.

Galettes de pommes de terre emoji

POUR 4 PERSONNES

3 **pommes de terre à purée** pelées et cuites

3 c. à s. de **fécule de maïs**

40 g de **farine**

3 c. à s. de **chapelure**

1 **œuf**

Sel et **poivre**

Huile d'arachide ou **végétale**

Il n'existe jamais suffisamment de moyens d'exprimer ses émotions. Ces chips emoji sont là pour vous aider à le faire ! Il suffit de façonner des petits disques de pâte poivrée, puis de se servir d'une cuillère pour leur donner l'expression souhaitée. Le résultat est tellement mignon que l'on hésite entre les larmes et le rire.

1 Écrasez les pommes de terre avec une fourchette ou un presse-purée jusqu'à l'obtention d'une purée aérienne et légère. Ajoutez la fécule de maïs, la farine, la chapelure, l'œuf, le sel et le poivre. Remuez jusqu'à ce que la pâte soit légèrement friable. Placez la pâte sur un plan de travail fariné et abaissez-la sur environ 1 cm d'épaisseur.

2 Avec un couvercle de bocal à conserve ou une forme à biscuits, découpez des disques dans la pâte. Créez un emoji avec une cuillère, une paille, une pique en bois, une fourchette ou vos doigts. Placez les chips sur une plaque de cuisson chemisée de papier sulfurisé et mettez 30 minutes au réfrigérateur.

3 Faites chauffer l'huile dans une grande cocotte profonde jusqu'à ce que sa température atteigne 180 °C.

4 Faites frire les chips 1 à 2 minutes. Égouttez-les sur du papier absorbant ou une grille en métal, puis salez-les. Servez immédiatement.

Frites de légumes 4 façons

POUR 1 OU 2 PORTIONS

Pour changer de la pomme de terre, coupez d'autres légumes en lamelles ou en bâtonnets et passez-les 20 minutes au four. C'est assez surprenant !

FRITES DE PATATE DOUCE

FRITES

1 **patate douce**

2 c. à s. d'**huile d'olive**

1 c. à s. de **romarin** frais, haché

1 c. à c. de **sel**

1 c. à c. de **poivre**

SAUCE AU YAOURT GREC

300 g de **yaourt grec**

1 c. à s. de **jus de citron**

2 c. à s. de **ciboulette**

¼ de c. à c. de **sel**

¼ de c. à c. de **poivre**

1 Préchauffez le four à 220 °C.

2 Coupez la patate douce en frites et mélangez-les avec l'huile d'olive, le romarin, le sel et le poivre. Disposez-en une couche sur une plaque recouverte de papier sulfurisé. Enfournez 20 à 25 minutes, en les retournant à mi-cuisson.

3 Préparez la sauce. Mélangez tous les ingrédients dans un petit bol et réservez au frais avant de servir.

FRITES DE COURGETTES

2 **courgettes**

100 g de **chapelure**

50 g de **parmesan** râpé

1 c. à s. d'**ail semoule**

1 c. à s. de **basilic** séché

1 c. à c. de **sel**

1 c. à c. de **poivre**

2 **œufs**

1 Préchauffez le four à 220 °C.

2 Coupez les courgettes en frites. Dans un saladier, mélangez la chapelure, le parmesan, l'ail semoule, le basilic, le sel et le poivre. Battez les œufs dans un bol ou une assiette creuse.

3 Trempez les frites de courgettes dans les œufs puis recouvrez-les du mélange de chapelure. Disposez-les sur une plaque recouverte de papier sulfurisé. Enfournez 15 à 20 minutes, en les retournant à mi-cuisson. Servez avec la sauce au yaourt grec.

FRITES DE CAROTTES

2 **carottes**

2 c. à s. d'**huile d'olive**

1 c. à s. de **persil** haché

1 c. à c. de **paprika**

1 c. à c. de **sel**

1 c. à c. de **poivre**

1 Préchauffez le four à 220 °C.

2 Coupez les carottes en frites et mélangez-les avec l'huile d'olive, le persil, le paprika, le sel et le poivre. Disposez-les en une seule couche sur une plaque recouverte de papier sulfurisé. Enfournez 20 à 25 minutes, en retournant à mi-cuisson.

3 Servez avec la sauce au yaourt grec.

FRITES D'ASPERGES

1 botte d'**asperges**

120 g de **poudre d'amandes**

40 g de **parmesan** râpé

1 c. à s. d'**ail semoule**

2 c. à s. d'**origan** séché

1 c. à c. de **sel**

1 c. à c. de **poivre**

2 **œufs**

1 Préchauffez le four à 220 °C.

2 Coupez environ 4 ou 5 cm de la queue des asperges. Dans un saladier, mélangez la poudre d'amandes, le parmesan, l'ail semoule, l'origan, le sel et le poivre. Battez les œufs dans un bol ou une assiette creuse. Trempez les asperges dans les œufs puis recouvrez-les du mélange d'amandes et de parmesan.

3 Disposez-les en une seule couche sur une plaque recouverte de papier sulfurisé. Enfournez 15 à 20 minutes, en les retournant à mi-cuisson.

4 Servez avec la sauce au yaourt grec. Ces chips croustillantes d'un genre nouveau sont colorées et saines car elles ne sont pas frites.

Buddha bowl

POUR 2 PERSONNES

MARINADE

2 c. à s. d'**huile végétale**

½ c. à c. d'**huile de sésame**

1 c. à c. de **sauce piquante**

2 c. à c. de **thym séché**

1 c. à c. de **paprika**

½ c. à c. de **sel**

250 g de **tofu ferme**, égoutté

1 **patate douce**, pelée et détaillée en cubes

1 **oignon** émincé

2 gousses d'**ail** émincées

1 c. à s. d'**huile d'arachide** ou autre huile végétale

Sel et **poivre**

200 g de **pois chiches** en conserve, égouttés

½ c. à c. de **sel**

½ c. à c. de **poivre**

1 c. à c. de **piment en poudre**

1 c. à c. d'**ail semoule**

285 g de **quinoa** cuit

35 g de **légumes-feuilles** (mesclun, chou kale ou pousses d'épinard)

15 g de **carottes** râpées

1 **avocat** coupé en dés

Le **jus** de 1 **citron**

Ce plat est le gage d'un bon déjeuner. Truffé de protéines et pauvre en lipides, il vous donnera de l'énergie pour toute la journée. Il est possible de préparer les divers ingrédients à l'avance et de les garder séparément au réfrigérateur. Ainsi, quand vous aurez besoin d'une nourriture saine et énergétique, vous les aurez à portée de main.

1. Mélangez les ingrédients de la marinade. Ajoutez le tofu et mettez au moins 30 minutes au réfrigérateur.
2. Préchauffez le four à 200 °C.
3. Éparpillez les cubes de patate douce, l'ail et l'oignon sur une plaque de four et arrosez-les d'huile. Salez et poivrez. Enfournez 20 à 25 minutes.
4. Mélangez les pois chiches, ½ cuillerée à café de sel, ½ cuillerée à café de poivre, le piment en poudre et l'ail semoule dans un petit bol. Versez le tout dans une poêle et faites cuire 10 minutes à feu moyen. Réservez.
5. Faites frire le tofu dans la même poêle 10 minutes de chaque côté. Retirez-le du feu et coupez-le en morceaux.
6. Mélangez le quinoa, les légumes-feuilles, la patate douce, l'oignon, les pois chiches, les carottes, le tofu et l'avocat dans un bol. Arrosez de jus de citron.

Chocolat galaxy

POUR 1 GRANDE TABLETTE

750 g de **chocolat noir** haché ou en pépites

750 g de **chocolat blanc** haché ou en pépites

Colorants alimentaires en gel : bleu et violet

Petites étoiles en sucre

Spectaculaire à regarder et succulente à déguster, cette tablette de chocolat maison multicolore semble être l'œuvre d'un grand chocolatier. Il suffit de faire fondre du chocolat blanc, de le colorer, puis de tracer des sillons et, enfin, de décorer la tablette avec des étoiles en sucre. Chaque bouchée est un voyage dans une autre galaxie.

1 Faites fondre le chocolat noir dans un grand bol au micro-ondes par intervalles de 20 secondes, en remuant, jusqu'à ce qu'il soit lisse. Gardez au chaud.

2 Répartissez le chocolat blanc dans 2 bols et faites-le fondre au micro-ondes par intervalles de 20 secondes, en remuant, jusqu'à ce qu'il soit lisse. Versez du colorant bleu dans un des bols et du colorant violet dans l'autre jusqu'à ce que vous ayez obtenu la couleur souhaitée.

3 Chemisez une plaque à pâtisserie de papier sulfurisé. Versez le chocolat noir dessus et étalez-le bien à l'aide d'une spatule.

4 Versez le chocolat bleu par-dessus, puis le chocolat violet. Avec la pointe d'un couteau ou d'une brochette, tracez des sillons pour créer des motifs. Parsemez de petites étoiles en sucre. Mettez au moins 2 heures au réfrigérateur avant de casser la tablette en morceaux.

Cheesecake arc-en-ciel

POUR 12 PERSONNES

315 g de **marshmallows**

3 c. à s. de **beurre**

150 g de **céréales colorées fruitées** (type Kellog's® Froot Loops)

Huile d'arachide ou **végétale**

500 g de **cream cheese** à température ambiante

2 c. à s. de **jus de citron** frais

500 ml de **crème épaisse**

1 c. à c. d'**extrait de vanille**

145 g de **sucre**

La pâte de ce cheesecake rappelle par son goût les céréales aux fruits. La garniture au fromage blanc est celle d'un succulent cheesecake new-yorkais. Là encore, goûtez pour le constater. Quant à la sensation d'infinie satisfaction que procure la vue de ce gâteau, elle est sans doute due à sa décoration colorée.

1 Mélangez les marshmallows avec le beurre dans un grand bol. Faites chauffer au micro-ondes pendant 2 minutes, en remuant au bout de 1 minute. Écrasez un peu les céréales avec un rouleau à pâtisserie et ajoutez-en 125 g aux marshmallows. Avec une cuillère, versez cette préparation dans un moule à charnières graissé de 20 cm de diamètre. Tassez-la contre le fond et égalisez la surface. Mettez 20 minutes au réfrigérateur.

2 Fouettez le cream cheese avec le jus de citron dans un grand bol. Ajoutez la crème, la vanille et le sucre. Fouettez jusqu'à l'obtention d'une crème onctueuse et soyeuse formant de légers pics.

3 Versez cette garniture sur la base aux céréales et aux marshmallows. Lissez le dessus avec une spatule. Mettez au moins 3 heures au frais.

4 Démoulez le cheesecake et éparpillez sur le dessus le reste de riz soufflé coloré. Tranchez et servez.

Spaghettis de courgette au poulet, sauce Alfredo

POUR 2 PERSONNES

3 **courgettes** sans les extrémités

2 c. à s. de **beurre**

2 **blancs de poulet** émincés

1 c. à c. de **gros sel**

1 c. à c. de **poivre noir** du moulin

3 gousses d'**ail** hachées

185 ml de **crème épaisse**

80 g de **parmesan** râpé + un peu pour servir

2 c. à s. de **persil** ciselé + pour décorer

Des spaghettis de courgette ? Oui, cela existe. Si vous avez un coupe-légumes à spirale, c'est parfait. Sinon, vous pouvez utiliser un épluche-légumes ou une mandoline. Rappelez-vous qu'à la différence des spaghettis ordinaires, vous devrez faire cuire ces derniers pendant 1 minute.

1 Avec un coupe-légumes à spirale, un épluche-légumes ou une mandoline, détaillez les courgettes en fins spaghettis. Faites-les cuire 1 à 2 minutes au micro-ondes, puis égouttez-les.

2 Faites fondre le beurre dans une poêle à feu moyen. Faites cuire les blancs de poulet avec le sel, le poivre et l'ail pendant environ 7 minutes. Retirez-les de la poêle.

3 Mettez la crème, le parmesan et le persil dans la poêle, en remuant pour bien les mélanger au reste. Portez à ébullition, puis remuez pendant 3 à 5 minutes jusqu'à ce que la sauce ait réduit de moitié environ. Remettez les blancs de poulet dans celle-ci et remuez pour les enduire. Retirez du feu, salez et poivrez.

4 Mélangez les spaghettis de courgette avec la préparation au poulet. Remuez pour les enduire de sauce. Servez avec du parmesan et du persil.

Biscuits hand spinner

POUR 12 BISCUITS

225 g de **farine**

165 g de **sucre**

¼ de c. à c. de **sel**

250 g de **beurre doux** ramolli

2 c. à c. d'**extrait de vanille**

2 c. à s. de **cream cheese** ramolli

Glaçage royal coloré pour la décoration

Pas de stress : il suffit de suivre la recette pour réaliser ces biscuits ayant la forme du fameux gadget aux vertus thérapeutiques.

1 Mélangez la farine, le sucre et le sel. Ajoutez le beurre et mélangez 1 minute jusqu'à l'obtention d'une pâte sableuse. Incorporez la vanille et le cream cheese, et travaillez la pâte environ 30 secondes.

2 Pétrissez-la sur un plan de travail fariné, puis formez une boule. Enveloppez-la dans du film alimentaire et mettez-la au moins 30 minutes au réfrigérateur.

3 Préchauffez le four à 180 °C. Tapissez une plaque de cuisson de papier sulfurisé.

4 Utilisez un hand spinner comme patron pour découper 12 biscuits. Avec un bouchon de bouteille en plastique propre, découpez 24 petits disques. Rassemblez les chutes de pâte et abaissez la boule obtenue sur 1 cm d'épaisseur. Avec une paille, pratiquez 12 perforations. Retirez les petits morceaux de pâte tubulaires qui serviront de tiges pour assembler les hand spinner.

5 Avec la même paille, faites des trous au centre des biscuits. Élargissez-les en faisant un mouvement circulaire avec la paille afin qu'ils soient un peu plus grands que le diamètre des tiges de pâte. Disposez les biscuits, les petites tiges et les petits disques sur la plaque de cuisson préparée.

6 Enfournez 7 minutes, puis retirez les petites tiges. Faites pivoter la plaque et poursuivez la cuisson 8 minutes.

7 Laissez les biscuits refroidir complètement, puis décorez-les avec le glaçage. Avec du glaçage royal, collez une tige de pâte au dos de l'un des petits disques. Enfilez le biscuit sur la tige et collez un second disque de pâte sur l'extrémité de celle-ci. Laissez durcir avant de faire tourner le hand spinner.

BOMBES & COURONNES

Truffes de brownie 4 façons

POUR 16 TRUFFES

Le secret de ces succulentes truffes est dans leur enveloppe constituée de brownie délicieusement fourré.

TRUFFES DE BROWNIE À LA TRUFFE AU CHOCOLAT

1 grand **brownie à partager**

16 **truffes au chocolat**

350 g de **chocolat noir** fondu

50 g de **cacao en poudre**

1 Placez le brownie sur une planche à découper. Avec un rouleau à pâtisserie, aplatissez-le en une couche de 0,5 cm d'épaisseur. Découpez 16 carrés égaux.

2 Enroulez chaque truffe au chocolat dans un carré de brownie. Roulez les truffes pour sceller l'enveloppe. Plongez chaque truffe dans le chocolat fondu. Saupoudrez de cacao et mettez 1 heure au réfrigérateur.

TRUFFES DE BROWNIE AU BEURRE DE CACAHUÈTE

1 grand **brownie à partager**

250 g de **beurre de cacahuète**

110 g de **sucre**

½ c. à c. d'**extrait de vanille**

160 g de **flocons de riz**

350 g de **chocolat noir** fondu

60 g de **beurre de cacahuète** chauffé

1 Placez le brownie sur une planche à découper. Avec un rouleau à pâtisserie, aplatissez-le en une couche de 0,5 cm d'épaisseur. Découpez 16 carrés égaux.

2 Mélangez 250 g de beurre de cacahuète, le sucre, la vanille et les flocons de riz dans un grand saladier. Mettez 30 minutes à 1 heure au congélateur.

3 Façonnez 16 boules d'une valeur de 1 cuillerée à café de préparation. Enveloppez chaque boule dans un carré de brownie. Roulez les boules pour sceller l'enveloppe. Plongez-les une par une dans le chocolat fondu. Avec une cuillère, nappez-les d'un filet de beurre de cacahuète chaud et mettez-les 30 minutes au réfrigérateur.

TRUFFES DE BROWNIE À LA PÂTE À COOKIES

1 grand **brownie à partager**

150 g de **farine**

110 g de **cassonade**

125 ml de **beurre** fondu

60 ml de **lait**

½ c. à c. d'**extrait de vanille**

½ c. à c. de **sel**

90 g de petites **pépites de chocolat noir**

350 g de **chocolat noir** fondu

1. Placez le brownie sur une planche à découper. Avec un rouleau à pâtisserie, aplatissez-le en une couche de 0,5 cm d'épaisseur. Découpez 16 carrés égaux.
2. Versez la farine sur une petite plaque de four et enfournez 5 minutes à 180 °C pour détruire les éventuelles bactéries.
3. Mélangez la farine, la cassonade, le beurre, le lait, la vanille, le sel et les pépites de chocolat. Mettez 30 minutes à 1 heure au réfrigérateur.
4. Façonnez 16 boules d'une valeur de 1 cuillerée à café de pâte. Enveloppez chaque boule dans un carré de brownie. Roulez les boules pour sceller l'enveloppe. Plongez-les dans le chocolat fondu. Mettez au moins 30 minutes au réfrigérateur.

TRUFFES DE BROWNIE AU CHEESECAKE

1 grand **brownie à partager**

450 g de **cream cheese**

220 g de **sucre**

½ c. à c. d'**extrait de vanille**

350 g de **chocolat noir** fondu

50 g de **petits-beurre** ou **biscuits sablés**, émiettés

1. Placez le brownie sur une planche à découper. Avec un rouleau à pâtisserie, aplatissez-le en une couche de 0,5 cm d'épaisseur. Découpez 16 carrés égaux.
2. Mélangez le cream cheese, le sucre et la vanille dans un grand bol. Mettez 30 minutes à 1 heure au réfrigérateur.
3. Façonnez 16 boules d'une valeur de 1 cuillerée à café de préparation. Enveloppez chaque boule dans un carré de brownie. Roulez les boules pour sceller l'enveloppe. Plongez-les dans le chocolat fondu. Roulez-les dans les miettes de biscuits et mettez-les au moins 30 minutes au réfrigérateur.

< PÂTE À COOKIES
< CHEESECAKE
< TRUFFE AU CHOCOLAT

< BEURRE DE
CACAHUÈTE

Couronne de quesadillas

POUR 20 PERSONNES

300 g de **poulet cuit**, détaillé en fines lanières

1 **oignon** haché

1 **poivron rouge** haché

1 **piment jalapeño** haché

250 ml de **sauce pour tacos**

20 **tortillas** de blé

360 g de **cheddar** râpé

360 g de **mozzarella** râpée

FACULTATIF

Salsa

Guacamole

Crème

Coriandre ciselée

Les quesadillas sont délicieuses, mais manquent un peu d'originalité. Cette couronne de fleurs en quesadillas est un régal. Elle est constituée de plusieurs couches de quesadillas roulées, farcies avec du poulet et une sauce au fromage onctueuse. Quand on en prend une, il faut tirer sur les filaments de fromage pour la séparer du reste. N'oubliez pas de laisser un peu de place au centre pour y poser un petit pot de sauce.

1. Préchauffez le four à 190 °C. Chemisez une plaque de cuisson de papier sulfurisé.
2. Mélangez le poulet, l'oignon, le poivron rouge, le piment et la sauce pour tacos dans un bol.
3. Coupez chaque tortilla en deux. Étalez uniformément environ 2 cuillerées à soupe de cheddar, 2 cuillerées à soupe de mozzarella et 2 cuillerées à soupe de préparation au poulet sur chaque moitié. Roulez les demi-tortillas sur elles-mêmes pour obtenir des cônes, en partant du bord coupé et en veillant à ce que les ingrédients ne s'échappent pas.
4. Placez un pot ou un verre au centre de la plaque de cuisson. Placez les cônes de tortillas tout autour de façon circulaire. L'extrémité fermée des cônes doit toucher le pot. Il doit y avoir environ 13 cônes. Éparpillez du cheddar et de la mozzarella sur cette première couche de quesadillas.

5 Posez une seconde couche de quesadillas sur la première, en plaçant chaque fois 1 cône entre 2 cônes de la première couche. Continuez ainsi avec le reste des cônes. Après avoir superposé ainsi 3 couches de quesadillas, vous devez avoir encore 3 cônes que vous utiliserez pour combler les espaces vides au sommet.

6 Éparpillez le reste de fromage sur le dessus. Retirez le pot du centre de la couronne et enfournez 15 à 20 minutes jusqu'à ce que le fromage soit fondu et que les bords des tortillas soient croustillants.

7 Placez délicatement la couronne de quesadillas sur un plat de service. Posez la sauce de votre choix au milieu de la couronne et décorez avec la garniture de votre choix. Servez.

Bombes de poulet au bacon et au guacamole

POUR 8 PAUPIETTES

2 **avocats** mûrs

½ **oignon blanc** finement haché

½ **tomate** hachée

2 c. à s. de **coriandre** ciselée

½ c. à s. de **sel**

2 c. à s. de **jus de citron vert** frais

4 **blancs de poulet**

Sel et **poivre**

8 tranches de **bacon**

1 c. à s. d'**huile de colza**

Il n'y a jamais assez de manières d'accommoder des blancs de poulet, du guacamole et du bacon croustillant. Heureusement, cette recette les réunit tous les trois. Terminer la cuisson au four est une astuce à laquelle les chefs des restaurants ont souvent recours pour qu'un plat soit croustillant à l'extérieur et juteux à l'intérieur.

1 Préchauffez le four à 200 °C.

2 Coupez les avocats en deux. Dénoyautez-les et prélevez leur chair.

3 Mélangez la chair des avocats, l'oignon, la tomate, la coriandre, le sel et le jus de citron vert. Écrasez le tout avec une fourchette jusqu'à ce qu'il n'y ait plus de gros morceaux d'avocat.

4 Salez et poivrez les deux faces des blancs de poulet. Coupez chaque blanc en deux dans la largeur. Faites une entaille dans chaque morceau pour créer une poche. Garnissez chaque poche d'une bonne cuillerée de guacamole. Pincez les bords des blancs pour fermer les poches.

5 Enveloppez chaque morceau de blanc avec 2 tranches de bacon de façon que les extrémités se rejoignent du même côté.

6 Faites chauffer l'huile à feu vif dans une poêle. Saisissez les bombes 2 à 3 minutes sur chaque face. Faites bien dorer les parties de poulet qui ne sont pas couvertes de bacon. Placez les bombes dans un plat allant au four et enfournez 10 minutes jusqu'à ce que la température interne soit de 75 °C. Servez aussitôt.

Boulettes de pommes de terre à la saucisse

POUR 16 BOULETTES

3 c. à s. de **beurre**

1 **oignon** coupé en dés

Sel et **poivre**

600 g de **pommes de terre** pelées, hachées et bouillies

40 g de **cheddar** râpé

55 g de **beurre** ramolli

8 **saucisses de porc** cuites

112 g de **farine**

4 **œufs** battus

75 g de **chapelure**

Huile d'arachide ou **végétale**

Sauce gravy (au jus de viande ou sauce brune)

N'importe quel pub au monde serait désireux d'afficher cette recette à son menu. Ces boulettes panées croustillantes sont un excellent moyen d'utiliser les restes ou des pommes de terre écrasées. Servez-les avec une bière au cours d'une soirée ou le matin avec des œufs au plat pour un petit déjeuner sensationnel.

1 Faites fondre le beurre à feu moyen-doux dans une petite casserole. Ajoutez l'oignon, salez et poivrez, puis faites revenir 30 minutes, en remuant de temps à autre, jusqu'à ce qu'il soit caramélisé.

2 Écrasez ensemble les pommes de terre, l'oignon caramélisé, le fromage, le beurre, du sel et du poivre. Coupez les saucisses en morceaux de 5 cm et enrobez-les de cette purée de façon à obtenir des boulettes.

3 Versez séparément la farine, les œufs et la chapelure dans 3 bols. Plongez les boulettes dans la farine, puis dans les œufs et enfin dans la chapelure. (Pour faciliter cette opération, utilisez une main sèche pour enrober les boulettes de farine et de chapelure et l'autre pour les tremper dans les œufs.)

4 Faites chauffer l'huile dans une grande cocotte jusqu'à ce qu'elle ait la température de 160 °C. Si vous n'avez pas de thermomètre, laissez tomber un petit morceau de pain dans l'huile. S'il grésille et brunit en 45 secondes, l'huile est assez chaude.

5 Faites frire les boulettes, en plusieurs fois, pendant quelques minutes. Faites-en cuire 4 à la fois pour que la température de l'huile ne baisse pas trop. Égouttez-les sur du papier absorbant, salez et servez avec de la sauce chaude.

Pizza bombs

POUR 16 BOULETTES

Beurre pour graisser la poêle

500 g de **pâte à pizza** ou **à pain**

250 ml de **sauce marinara** (sauce tomate à l'ail et aux herbes)

225 g de **pepperoni** coupé en rondelles

1 boule de **mozzarella** détaillée en cubes

3 c. à s. de **beurre** fondu

2 gousses d'**ail** hachées

Sel et **poivre**

1 c. à s. d'**assaisonnement** à l'**italienne**

Parmesan râpé

Ces minipizzas en forme de boules rappellent à la fois le calzone et le nœud d'ail. L'astuce consiste à utiliser de la pâte à pizza prête à l'emploi. L'ajout de beurre fondu à l'ail et de parmesan avant la cuisson les rend particulièrement délicieuses. N'hésitez pas à improviser pour les farcir avec votre garniture préférée.

1 Préchauffez le four à 190 °C. Beurrez une plaque de cuisson et chemisez-la de papier sulfurisé.

2 Divisez la pâte en 16 boulettes. Abaissez chaque boulette avec votre pouce pour former un disque. Déposez 1 petite cuillerée de sauce marinara, 1 rondelle de pepperoni et 1 cube de mozzarella sur chaque disque. Repliez les bords de ce dernier sur la garniture pour l'enfermer et pincez-les pour les souder. Veillez à ce que la garniture ne s'échappe pas. Posez les pizzas bombs sur la plaque de cuisson préparée.

3 Mélangez le beurre fondu, l'ail, du sel, du poivre et l'assaisonnement à l'italienne. Badigeonnez chaque boulette de ce mélange, puis éparpillez du parmesan dessus.

4 Enfournez 15 à 20 minutes : les boulettes doivent être bien dorées. Servez-les tièdes.

Bombe napolitaine au brownie

POUR 12 PERSONNES

2 sachets de **préparation pour brownie**

160 ml d'**huile végétale**

2 **œufs**

1,5 litre de **glace à la fraise** ramollie

1 litre de **glace à la vanille** ramollie

½ litre de **glace au chocolat** ramollie

Cacao en poudre

Sous ce dôme de douceur se cachent de multiples couches de brownie et de glace, moulées à l'aide de divers bols. Les étapes de façonnage, de remplissage et de congélation se succèdent, prouvant que le principal ingrédient d'une recette est le temps.

1 Préchauffez le four à 180 °C. Tapissez 2 plaques à pâtisserie de papier sulfurisé et un grand bol de film alimentaire.

2 Mélangez 1 sachet de préparation pour brownie, la moitié de l'huile, 85 ml d'eau et 1 œuf. Versez sur l'une des plaques et répartissez-le uniformément à l'aide d'une spatule.

3 Répétez l'opération avec le second sachet de brownie. Enfournez les 2 plaques 13 à 15 minutes. Retirez du four et laissez refroidir.

4 Coupez un des brownies en deux dans le sens de la longueur, puis en 8 rectangles égaux. Coupez 4 de ces rectangles en diagonale pour obtenir 8 triangles et 4 rectangles en tout. Disposez ces morceaux de brownie dans le bol de manière qu'ils en recouvrent le fond et les parois. Appuyez fermement dessus, en insistant sur les parois pour créer une sorte de « coque » en brownie. Assurez-vous qu'il n'y a pas de trous.

5 Étalez la glace à la fraise sur cette coque et lissez-la avec une spatule. Recouvrez-la de film alimentaire et pressez dessus lentement à l'aide d'un bol pour que la glace remonte sur les côtés. Mettez le tout 3 heures au congélateur (avec le second bol).

6 Retirez le bol et le film alimentaire. Recommencez l'opération avec la glace à la vanille. Recouvrez-la de film alimentaire et pressez dessus avec un petit bol

afin que la glace à la vanille remonte sur les bords et masque la glace à la fraise. Remettez 2 heures au congélateur.

7 Dans l'autre brownie, découpez un disque ayant la circonférence du grand bol. Il sera placé sur les couches de glace et formera la base sur laquelle la bombe sera renversée.

8 Retirez le petit bol et le film alimentaire de la couche de glace à la vanille durcie, puis garnissez le creux de glace au chocolat. Posez le disque de brownie dessus. Appuyez sur le disque pour le mettre en place, en soudant les bords. Laissez cette bombe 1 heure au congélateur.

9 Retournez la bombe sur un plat de service. Attendez 1 ou 2 minutes pour ôter le bol. Quand il se soulève facilement, démoulez la bombe et saupoudrez-la de cacao.

1

2

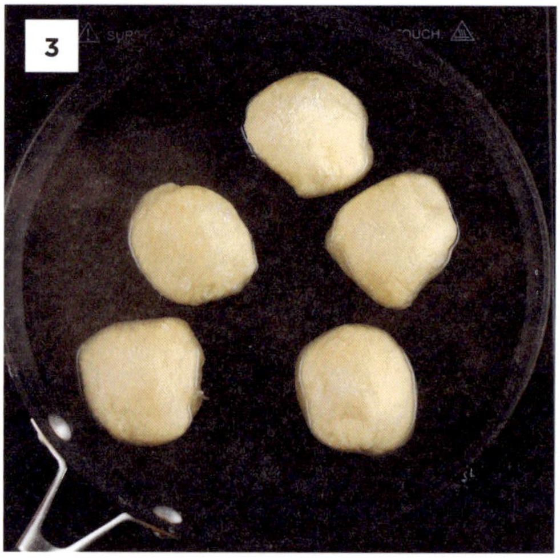
3

4

Minicheeseburger façon bretzel

POUR 14 CHEESEBURGERS

450 g de **pâte à pizza** gardée 15 à 20 minutes à température ambiante

7 tranches de **cheddar** coupées en deux

14 **miniboulettes de viande** surgelées, décongelées

55 g de **bicarbonate de soude**

1 **œuf** battu

Gros sel

Moutarde (facultatif)

Quand une recette a l'air plus compliquée qu'elle ne l'est et que le résultat est fabuleux, vous avez tout gagné. Ces petits bretzels à la viande et au fromage en témoignent. Voyez les détails dans la recette ci-dessous pour « bretzeliser » ensuite à votre guise.

1 Préchauffez le four à 220 °C.

2 Divisez la pâte à pizza en 14 portions. Étirez chaque portion en une longue bande de 20 cm. Posez ½ tranche de fromage dessus, puis 1 boulette de viande, et enroulez la bande de pâte autour. À mi-chemin, effectuez un mouvement de torsion sur le côté pour bien enfermer le fromage et la boulette de viande dans la pâte. Continuez d'enrouler la bande. Tirez dessus pour colmater les trous. Soudez les bords et placez les boules de pâte sur une plaque de cuisson recouverte de papier sulfurisé. Répétez l'opération avec le reste des ingrédients.

3 Dans une casserole, portez 1,25 litre d'eau à ébullition, à feu vif. Quand l'eau bouillonne, ajoutez le bicarbonate de soude et remuez jusqu'à dissolution. Portez de nouveau à ébullition.

4 Déposez chaque fois 3 à 5 boulettes dans la casserole et faites-les bouillir 20 à 30 secondes, en remuant doucement. Retirez-les et séchez-les avec du papier absorbant, puis disposez-les sur la plaque de cuisson. Répétez l'opération avec le reste des boulettes.

5 Badigeonnez les boulettes d'œuf battu et saupoudrez-les de gros sel. Enfournez 15 à 20 minutes pour les faire brunir. Servez chaud avec de la moutarde.

Boulettes de viande au bacon et à l'oignon

POUR 8 BOULETTES

450 g de **bœuf haché**
1 c. à c. d'**ail semoule**
1 c. à c. d'**oignon semoule**
1 c. à c. de **poivre noir**
2 c. à c. de **sel**
25 g de **chapelure**
3 gousses d'**ail** hachées
½ **oignon** coupé en dés
3 c. à s. de **persil frais**
1 **œuf**
1 c. à s. de **ketchup**
1 c. à s. de **moutarde**
1 c. à c. de **sauce Worcestershire**
1 c. à s. de **miel**
4 **oignons** moyens
230 g de **cheddar** coupé en dés
16 tranches de **bacon**
450 g de **sauce barbecue**

La partie condiments de votre réfrigérateur est une source d'idées de recettes originales. Prenez la sauce barbecue par exemple. Si vous savez serrer le poing, vous saurez confectionner ces délicieuses boulettes géantes. Nous vous recommandons de les farcir de cheddar, mais vous pouvez choisir un autre fromage. Malgré l'enveloppe au bacon, c'est la sauce barbecue qui fait de ces boulettes de véritables explosions de saveurs !

1. Préchauffez le four à 220 °C. Tapissez une plaque de cuisson de papier sulfurisé.
2. Mélangez le bœuf haché, l'ail et l'oignon semoule, le poivre, le sel, la chapelure, l'ail haché, les dés d'oignon, le persil, l'œuf, le ketchup, la moutarde, la sauce Worcestershire et le miel. Réservez au réfrigérateur.
3. Coupez les 4 oignons en deux verticalement. Retirez le germe. Les différentes couches d'oignon serviront de « coques » aux boulettes de viande.
4. Sortez la préparation du réfrigérateur et prélevez l'équivalent d'une balle de golf. Enfoncez un dé de cheddar au milieu puis façonnez une boulette de viande. Recommencez avec le reste de préparation.
5. Enveloppez chaque boulette avec 2 « coques » d'oignon, puis entourez-la de 2 ou 3 tranches de bacon, en les maintenant avec une pique. Transférez sur la plaque de cuisson. Badigeonnez généreusement les boulettes de sauce barbecue.
6. Enfournez 45 minutes jusqu'à ce qu'elles brunissent et soient croustillantes. Badigeonnez encore de sauce barbecue à mi-cuisson.

Couronne de lasagne

POUR 10 PERSONNES

18 feuilles de **lasagne**

3 c. à s. d'**huile de colza** + huile pour la plaque

½ **oignon** coupé en dés

4 gousses d'**ail** hachées

340 g de **bœuf haché** maigre à 20 % de matières grasses

340 g de **saucisse italienne** hachée

1 c. à c. de **sel**

1 c. à c. de **poivre noir**

875 g de **tomates concassées** en conserve

470 g de **ricotta**

40 g de **parmesan** râpé + un peu pour servir

4 c. à s. de **basilic** ciselé + un peu pour servir

1 **œuf**

200 g de **mozzarella** râpée

Sauce marinara (sauce tomate à l'ail et aux herbes)

Admettez qu'il n'y a rien d'aussi bon que des lasagnes croustillantes et gratinées. Si c'est le cas, vous allez vous délecter avec cette couronne de lasagnes confectionnée dans un moule à savarin. Quelle que soit votre façon de trancher cette couronne, c'est un plat de fête.

1 Faites cuire les lasagnes dans une grande quantité d'eau bouillante salée 2 minutes de moins que les instructions du paquet. Égouttez-les puis posez-les à plat sur une plaque de cuisson huilée. Huilez-les pour éviter qu'elles ne se collent les unes aux autres.

2 Préchauffez le four à 190 °C.

3 Versez 3 cuillerées à soupe d'huile, l'oignon et l'ail dans une grande cocotte posée sur feu vif. Faites revenir 2 à 3 minutes, en remuant de temps à autre, jusqu'à ce que l'ail et l'oignon commencent à blondir. Ajoutez le hachis de bœuf, la saucisse, le sel et le poivre. Faites cuire 4 à 5 minutes, en remuant pour émietter la viande, jusqu'à ce que tout le liquide se soit évaporé et que la viande commence à dorer. Incorporez les tomates, puis baissez le feu et laissez frémir. Faites cuire 10 à 15 minutes, en remuant de temps en temps, jusqu'à ce que la sauce devienne très épaisse et presque pâteuse. Retirez du feu et réservez.

4 Mélangez la ricotta, le parmesan, le basilic et l'œuf.

5 Coupez 6 des lasagnes en deux. Elles seront intercalées entre la viande et la préparation au fromage.

6 Vaporisez de l'huile sur un moule à savarin, puis foncez-le avec 12 feuilles de lasagne, en les plaçant côte à côte, mais en les laissant se chevaucher un peu. L'un des bords courts des lasagnes doit toucher le centre du moule et l'autre dépasser sur le côté.

7 Éparpillez la moitié de la mozzarella sur les lasagnes pour qu'elles se collent les unes aux autres pendant la cuisson. Étalez la moitié de la préparation à la viande dessus en la répartissant uniformément, puis recouvrez avec les moitiés de feuilles de lasagne. Répartissez le mélange à la ricotta, recouvrez avec les demi-feuilles de lasagne restantes et versez dessus le reste de sauce à la viande.

8 Rabattez les bords de lasagne qui dépassent du moule vers le centre pour recouvrir complètement la farce. Éparpillez le reste de mozzarella sur le dessus.

9 Enfournez 45 minutes. Laissez refroidir pendant 1 heure, puis retournez délicatement le moule sur une planche à découper. Tranchez la couronne de lasagne, puis décorez de parmesan et de basilic. Placez un petit bol de sauce marinara au centre de la couronne puis servez.

Couronne de banana bread au cheesecake

POUR 10 PERSONNES

CHEESECAKE

300 g de **cream cheese** ramolli

110 g de **sucre**

1 c. à c. d'**extrait de vanille**

BANANA BREAD

4 **bananes** bien mûres

225 g de **farine**

110 g de **sucre**

1 c. à c. de **levure chimique**

4 c. à s. d'**huile végétale**

1 **œuf**

1 c. à c. de **bicarbonate de soude**

¼ de c. à c. de **sel**

1 c. à c. de **cannelle**

1 c. à c. d'**extrait de vanille**

CARAMEL

220 g de **sucre**

6 c. à s. de **beurre**

120 ml de **crème épaisse** à température ambiante

Cette couronne de banana bread au cheesecake est nappée de caramel… Existe-t-il un dessert plus addictif ? Les bananes bien mûres la rendront particulièrement moelleuse. Et rien de plus facile que de la fourrer avec du cheesecake. Pendant la cuisson, préparez le caramel, laissez-le refroidir puis nappez-en la couronne encore chaude.

1. Préchauffez le four à 180 °C.
2. Battez le cream cheese avec le sucre et l'extrait de vanille. Placez au frais.
3. Écrasez les bananes avec une fourchette. Ajoutez la farine, le sucre, la levure chimique, l'huile, l'œuf, le bicarbonate de soude, le sel, la cannelle et la vanille. Mélangez. Versez la moitié de la pâte dans un moule à savarin beurré.
4. À l'aide d'une cuillère à glace, étalez le mélange à base de cream cheese de manière uniforme sur la pâte à la banane dans le moule sans qu'elle touche ses bords. Recouvrez avec le reste de pâte à la banane. Lissez la surface. Enfournez 30 minutes : la couronne doit être dorée.
5. Pour réaliser le nappage au caramel, faites chauffer le sucre à feu moyen dans une casserole. Lorsqu'il commence à fondre, remuez avec une cuillère en bois ou au fouet. À ébullition, ajoutez le beurre et mélangez jusqu'à ce qu'il soit fondu. Retirez du feu, incorporez la crème épaisse et remuez. (Assurez-vous que la crème est à température ambiante pour éviter que le mélange caille.) Laissez le caramel refroidir et épaissir.
6. Retournez la couronne sur une grille en métal posée sur une plaque de cuisson. Nappez de caramel, en laissant l'excédent couler sur la plaque. Quand le glaçage a pris, coupez le gâteau en tranches.

Merci à l'équipe de Tasty pour le travail en 2017.

PRODUCTION

Pierce Abernathy
Hitomi Aihara
Katie Aubin
Adam Bianchi
Brenda Blanco
Mel Boyajian
Betsy Carter
Isabel Castillo
Jody Duits
Daysha Edewi
Joey Firoben
Rachel Gaewski
Andrew Gauthier
Hector Gomez
Crystal Hatch
Andrew Ilnyckyj
Matthew Johnson
Jordan Kenna
Julie Klink
Cyrus Kowsari
Gwenaelle Le Cochennec
Tiffany Lo
Scott Loitsch
Diana Lopez
Rie McClenny
Katie Melody
Nathan Ng
Claire Nolan
Merle O'Neal
Ryan Panlasigui
Greg Perez
Cedee Sandoval
Ochi Scobie
Chris Salicrup
Marie Telling
Alix Traeger
Vaughn Vreeland
Kahnita Wilkerson
Alvin Zhou

PRODUCTION / LOGISTIQUE/ RÉSEAUX SOCIAUX / ADAPTATIONS / STATISTIQUES VIDÉO

Maíra Corrêa
Gabi D'Addario
Bryanna Duca
Matt Ford
Nick Guillory
Ashley McCollum
Ryan Mei
Angela Ruffin
Stephen Santayana
Tanner Smith
Nora Snee
Stevie Ward
Lauren Weitz

ALIMENTATION

Alexis deBoschnek
Carrie Hildebrand
Claire King
Chloe Morgan
Angie Thomas

MARQUES

Camille Bergerson
Nora Campbell
Sarah Freeark
Robert Gilstrap
Mike Goodman
Liza Kahn
Dylan Keith
Brendan Kelly
Grace Lee
Jess Maroney
Melissa Ng
Ken Orlino
Ryan Panlasigui
Becca Park
Mike Price
Sami Promisloff
Tracy Raetz
Leigh Riemer
Dee Robertson
Katie Schmidbauer
Swasti Shukla
Kate Staben
Allex Tarr
Hannah Williams

INTERNATIONAL

Javier Aceves
Karla Agis
Leticia Almeida
Jordan Ballantine
Guta Batalha
Dani Beck
Matt Cullum
Pierre d'Almeida
Agatha Da Hora
Vanessa Hernandez
Ellie Holland
Sebastian Fiebrig
Daisuke Furuta
Gaspar Jose
Thilo Kasper
Evelyn Liu
Isadora Manzaro
Erich Mendoza
Pierre Michonneau
Daiki Nakagawa
Ryushi Osaki
Lucia Plancarte
Suria Rocha
Gus Serrano
Sonomi Shimada
Toby Stubbs
Yui Takahashi
Jun Tsuboike

Vitor Hugo Tsuru
Nicolas Vendramini
Saki Yamada
Ryo Yamaguchi
Rumi Yamakazi

TECHNIQUE

Jess Anastasio
Sam Balinghasay
Chad Brady
Fred Diego
Sara Gulotta
Patrick Hernandez
Ryan Inman
Will Kalish
Caitlin Osbahr
Edgar Sanchez
Amir Shaikh
Swati Vauthrin
Graham Wood

Un merci particulier
à Viresh Chopra

BuzzFeed PRODUCT LABS

Merci aux blogueurs, aux chefs et aux créateurs de ces recettes qui ont donné chaque jour libre cours à leur créativité. Merci à toutes les personnes qui ont inspiré les recettes de ce livre.

Bryon Talbott (Sphère magique au chocolat, page 144)
Cook's Country (Poulet cordon-bleu, page 78)
Cook's Illustrated (Lasagnes à la bolognaise, page 82)
Dinner, then Dessert (Ailes de poulet buffalo croustillantes, page 37)
Feeling Foodish (Ratatouille au four, page 104)
Gimme Delicious Food (Chou-fleur pané à la sauce buffalo, page 103)
Haniela's (Biscuits hand spinner, page 158)
Honestly YUM (Rose tarte pomme caramel, page 61)
Just A Taste (Ananas au poulet, page 134)
Lindsay Hunt (Cookies moelleux aux pépites de chocolat, page 120)
Little Things (Boulettes de viande au bacon et à l'oignon, page 178)
Skinnytaste (Spaghettis boulette veggie, page 97)
Spoon University (Galettes de pommes de terre emoji, page 149)
The Pioneer Woman (Escargot géant à la cannelle, page 54)
Tori Avery (Falafels, page 98)
Wholefully (Cookies tout doux, page 117)

Merci à toute l'équipe de Clarkson Potter pour sa prévoyance, son adresse et son dévouement.

Amanda Englander
Stephanie Huntwork
Jan Derevjanik
Chloe Aryeh
Mark McCauslin
Philip Leung
Kelli Tokos
Alexandria Martinez
Merri Ann Morrell
Linnea Knollmueller
Derek Gullino
Aislinn Belton
Kate Tyler
Carly Gorga
Erica Gelbard
Aaron Wehner
Doris Cooper
Gabrielle Van Tassel
Jill Flaxman
Katie Ziga
Christine Edwards

Merci à notre équipe de photographes qui réussit à rendre nos confections vraiment délicieuses.

Lauren Volo
Molly Schuster
Maeve Sheridan
Christina Zhang
Jacklyn Reid
Joy Howard
Brianna Ashby
Jenifer Pantano
Greg Wright
Andie McMahon

Index

Les numéros de pages en *italique* renvoient aux photos.

D

Q

R

S

T